Heinz Lang: SPIELEN SPIELE SPIEL

Handreichungen für den Spielunterricht in der Grundschule

2., unveränderte Auflage

Verlag Karl Hofmann   Schorndorf

Die Deutsche Bibliothek — CIP-Einheitsaufnahme

Lang, Heinz:
Spielen, Spiele, Spiel: Handreichungen für den Spielunterricht in der Grundschule / Heinz Lang. — 2., unveränd. Aufl. — Schorndorf: Hofmann, 1993
ISBN 3-7780-3712-9

Bestellnummer 3712

© 1991 by Verlag Karl Hofmann, 73614 Schorndorf

2., unveränderte Auflage 1993

Alle Rechte vorbehalten. Ohne ausdrückliche Genehmigung des Verlags ist es nicht gestattet, die Schrift oder Teile daraus auf fotorechnischem Wege zu vervielfältigen. Dieses Verbot — ausgenommen die in § 53, 54 URG genannten Sonderfälle — erstreckt sich auch auf die Vervielfältigung für Zwecke der Unterrichtsgestaltung. Als Vervielfältigung gelten alle Reproduktionsverfahren einschließlich der Fotokopie.

Texterfassung und Zeichnungen: Heinz Lang, Beilstein

Gesamtherstellung in der Hausdruckerei des Verlags

Printed in Germany · ISBN 3-7780-3712-9

Inhaltsverzeichnis

	Ein Spiel mit Worten — ein Wortspiel	9
	Um nicht enttäuscht zu sein — Vorbemerkungen	11
I.	**Theoriebereich**	**15**
1	Ziele des Spielunterrichts in der Grundschule	16
2	„Spielen" läßt unterschiedliche Gestaltungsmöglichkeiten zu	17
3	Organisation ist — fast — alles. Wie man ein Spiel vorbereitet. Ein 6-Punkte-Programm	18
4	Woran man denken sollte und was man wissen muß	19
5	Was man alles verändern kann	24
6	Unfälle vermeiden	27
7	Parteien, Gruppen, Mannschaften sollen gebildet werden	30
8	Der Bildungsplan im Fach Sport	32
II.	**Praxisbereich**	**33**
1	*Individualerfahrungen*	34
1.1	*Vorgaben des Bildungsplans für die Klassen 1 bis 4*	34
1.2	*Individualerfahrungen*	35
1.3	Klassen 1/2: *Spielen mit Geräten, Materialien und Gegenständen*	36
	Spielen mit einem Chiffontuch	36
	Spiele mit „großen" Geräten	36
1.4	Klassen 1/2: *Spiele mit akustischen Impulsen*	37
	Geräusche in Bewegung umsetzen	37
	Nach vorgegebenem Rhythmus laufen, nach dem Laufen Rhythmen erkennen	37
1.5	Klassen 1/2: *Bewegungsreiche Improvisations- und Nachahmungsaufgaben*	38
	Nachahmungsaufgaben aus dem technischen Bereich	38
	Berufe, Personen, Tiere darstellen	38
	Geschichten und Spiellieder	39
1.6	Klassen 3/4: *Spielen mit Geräten, Materialien und Gegenständen*	40
1.7	Klassen 3/4: *Vorgegebene Themen in Bewegung umsetzen*	40
	Wir treiben Wintersport	41
	Ein Unfall ist geschehen	42
	Im Zirkus	42
	Durch den Dschungel	42
1.8	Klassen 3/4: *Mit Bällen und Geräten spielen, Markierungen benützen*	43
2	*Erfahrungen mit Partner und Gruppe*	44
2.1	*Vorgaben des Bildungsplans für die Klassen 1 bis 4*	44
2.2	*Erfahrungen mit Partner und Gruppe*	47
2.3	Klassen 1/2: *Spiele erfinden und gemeinsam spielen*	48
2.4	Klassen 3/4: *Spielideen entwickeln und umsetzen. Spielsituationen entwerfen und gestalten*	
	Wir balancieren	48
	Wir bauen einen „Laufsteg" / eine Brücke	49
	Wir bauen Fahrzeuge	49
	Wir lösen, jede Gruppe auf ihre Weise, schwierige Aufgaben	49
2.5	Klassen 1/2: *Platzsuchspiele/Platzwechselspiele*	50
	Feuer, Wasser, Sturm	50
	Freunde suchen	50
	Hundehütte	50
	Esel, Pferde, Kamele	51

2.6	Klassen 3/4: *Platzsuchspiele/Platzwechselspiele*	51
	Komm mit, lauf weg	51
	Sprung in den freien Reifen	51
	Mir ist sooooooooo schlecht!	52
	Wechselt das Haus	52
2.7	Klassen 1/2: *Fangspiele*	53
	Fuchs, wieviel Uhr ist es?	53
	Nixe, wie tief ist das Wasser?	53
	Linienfangen	54
	Bärenhöhle	54
2.8	Klassen 3/4: *Fangspiele*	54
	Kreisfangen	54
	Verzaubern / Versteinern (Steh Bock — Lauf Bock)	55
	Fische fangen	55
	Kettenfangen / Rette sich, wer kann!	55
	Tag — Nacht / Schwarz — Weiß	56
2.9	Klassen 1/2: *Kraft- und Gewandtheitsspiele*	57
	Ringender Kreis	57
	Einfache Zieh-„Kämpfe"	57
	Gleichgewichtsspiele	57
	Henne und Habicht	58
2.10	Klassen 3/4: *Kraft- und Gewandtheitsspiele*	59
	Eins-gegen-Eins-Spiele	59
	Hüpfender Kreis	60
	Formen des Tauziehens	60
2.11	Klassen 1/2: *Spiele zur Schulung der Sinne*	63
	Turnschuhrauben	61
	Schätze bewachen	61
	Bälle zählen	61
	Richtungshören	62
	Tiere finden sich	62
	Wer fängt den Ball?	62
2.12	Klassen 3/4: *Spiele zur Schulung der Sinne*	63
	Spiele unter Ausschaltung des Sehens	63
	Die Teppichfliese wiederfinden	63
	Blinde Brückenwächter	63
2.13	Klassen 1/2 und 3/4: *Spiele „ohne Tränen"*	65
	Zahnräder drehen sich	65
	Eine „Hüpfmaschine" hüpft	65
	Wir lösen den Knoten	65
	Eine „Mumie" wird transportiert	66
	Wir „biegen" uns ein Denkmal	66
	Gruppenbilder gestalten	66
	„Kettenzug"	67
	Familie Maier geht in den Zoo	67
2.14	Klassen 1/2 und 3/4: *Staffeln — Spiele für „alle Klassen"*	68
	1. Grundform: Die Reihenstaffel — und was man alles daran verändern kann	68
	2. Grundform: Die Umkehrstaffel — und was man alles daran verändern kann	70
	3. Grundform: Die Pendelstaffel — und was man alles daran verändern kann	72
	4. Grundform: Kreis-Lauf-Spiele	73
	Sonderform	73
2.15	*Wie man die Ablösung bei den Staffeln organisiert*	75

3	***Sportartbezogene Erfahrungen***	77
3.1	*Vorgaben des Bildungsplans für die Klassen 3–4*	77
3.2	*Entwicklung der Grundfertigkeiten*	79
3.2.1	Klassen 1/2: *Mit verschieden großen und unterschiedlich schweren Bällen umgehen können*	80
	Den Ball rollen — werfen — fangen — prellen — dribbeln — führen	81
	Mit dem Partner werfen und fangen	82
	In Gruppen werfen und fangen	82
	Zielschießen mit Hand und Fuß	84
	Die Grundfertigkeiten in einem Spiel anwenden können	85
	Ball aus dem Eck	85
	Haltet das Feld frei	85
	Zielballspiel	85
	Königsball	86
	Ball unter der Schnur	86
	„Sautreiben" / Ball vertreiben	86
	Keulen / Hütchen abkegeln	87
3.2.2	Klassen 3/4: *Mit verschieden großen und unterschiedlich schweren Bällen umgehen können*	88
	— Sich fortbewegen mit dem Ball (mit Hand und Fuß). „Augen weg vom Ball!"	88
	— Wende- oder Pendelstaffeln	88
	— Alle laufen und dribbeln	88
	— Schattendribbeln	88
	— Zahlen zeigen	88
	— Alle begrüßen sich	89
	— Fangspiel	89
	— Verzaubern / Entzaubern	89
	— Bälle tauschen	90
	— Sich fortbewegen mit dem Ball. Mit Störung durch einen oder mehrere Gegenspieler	91
	— Wer hat Angst vor dem „Räuberkönig"?	91
	— Brückenwächter	91
	— Wechselt die Seite	91
	— Wer wird Dribbelkönig?	92
	— Zuspielen / Fangen / Einen Ball annehmen	92
	— Balljagd (mit der Hand)	92
	— Tigerball (mit der Hand)	92
	— Torball (mit Hand oder Fuß)	93
	— Passen und Laufen (mit Hand oder Fuß)	93
	— Zahlenpassen (mit Hand oder Fuß)	93
	— Zehnerfangen — 4 gegen 4	94
	— Fangen / Werfen / Schießen / Treffen	95
	— Henne und Habichte	95
	— Kreishetzball	95
	— Jäger und Hasen I	95
	— Jäger und Hasen II	96
	— Den Ball in der Luft halten können (mit Hand und Fuß)	97
	— Mit zwei Bällen gleichzeitig umgehen können	97
	— Sich fortbewegen mit dem Ball: Zuspielen — annehmen — auf ein Ziel schießen	98
3.3	*Spiele mit der Hand/Spiele mit dem Fuß*	99
3.3.1	Wichtige Grundsätze für die Umsetzung der Spiel- und Übungsformen in die Praxis	100

3.3.2	Klassen 3/4: *Spiele mit der Hand. Spiele, die **Basketball** vorbereiten helfen*	105
	Schüsselbasketball	105
	Turmball	105
	Kapitänsball	106
	Bandgassen-Basketball	106
	Korbball — Basketball	107
3.3.3	Klassen 3/4: *Spiele mit der Hand. Spiele, die **Handball** vorbereiten helfen.*	108
	Kreishetzball mit „Verteidigern"	108
	Burgball	108
	Mattentorball 2 gegen 2	109
	Kastentorball auf zwei Tore um zwei Halbkreise	109
	Kastentorball auf zwei Tore um ganze Kreise	110
	Mattentorball auf zwei Tore um zwei Halbkreise	110
3.3.4	Klassen 3/4: *Spiele mit der Hand. Spiele, die **Volleyball** vorbereiten helfen*	111
	Organisation	111
	Miteinander spielen	111
	Gegeneinander spielen	112
	Ball über die Schnur mit Zuspiel	112
	Ball über die Schnur in Variationen	112
3.3.5	Klassen 3/4: *Spiele mit dem Fuß. Spiele, die **Fußball** vorbereiten helfen*	114
	Bälle tauschen	114
	Ball unter der Schnur (ein Spiel für die Halle)	114
	Bälle durch das Tor (ruhender Ball)	115
	Bälle durch die Tore (sich bewegender Ball)	115
	Torball auf Bänke 2 gegen 2 (Torwart und Schütze)	116
	Zahlenpassen (mit dem Fuß)	116
	Spiel auf 1 Tor (mit Überzahl, mit Torwart)	117
	Spiel auf 2 Tore	117
3.3.6	Klassen 3/4: *Weitere Spiele*	119
	Ringhockey	119
	Hockey mit Plastikschlägern	119
	Spinnenfußball	120
	Speckbrett-Tennis	120
	Indiaca	121
III.	**Geräteausstattung**	123
IV.	**Literaturverzeichnis**	125

Vorwort

Individualerfahrungen
Erfahrungen mit Partner und Gruppe
Sportartbezogene Erfahrungen

sind die drei Teilbereiche, die den Arbeitsbereich I

S P I E L E N - S P I E L

des Bildungsplans für die Grundschule (Baden-Württemberg) kennzeichnen.
Diese Handreichungen sollen Anregungen vermitteln und Praxisbeispiele aufzeigen für einen am Bildungsplan orientierten kind- und altersstufengemäßen Sportunterricht.
Ganz bewußt wurde auf eine Problematisierung und ausführliche Diskussion der im Sportunterricht ablaufenden Prozesse verzichtet.
Die Reduktion auf fast rezeptartige Empfehlungen soll besonders jenen helfen, die, mehr oder weniger gezwungenermaßen, Sport in der Grundschule ohne spezielle Ausbildung unterrichten und die umsetzbarer Hilfen bedürfen. Der ausgebildete Sportlehrer wird viele der tradierten und bewährten Spiele und Spielformen wiedererkennen; gewiß wird auch er neue Anregungen finden!

Spielen-Spiel in der Grundschule muß **mehr** sein als "Faul-Ei" oder "Völkerball"! Wir sind es den Kindern schuldig!

Legende

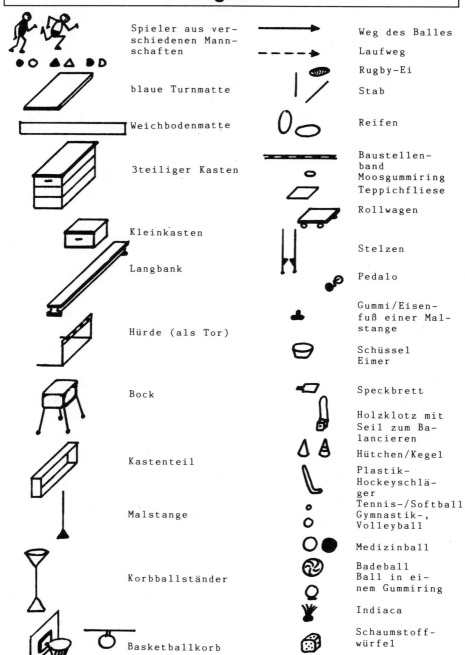

Zum Nachdenklichwerden
Ein Spiel mit Worten — ein Wortspiel

Wir spielen in der Schule
Wir spielen Schule
Wir schulen Spiel

        Verschulen wir das Spiel?
        Verspielen wir die Schulzeit?
        Hat Schule verspielt?
        Haben wir in der Schule verspielt?

Wir lernen durch Spiel
Wir lernen spielend
Wir spielen lernend

        Schulende Schule hat verspielt
        Man kann das Spiel verlernen
        Man kann das Lernen verlernen

Schulen - Lernen - Spielen
Schulen lernen spielen

        von
        Else Warns
        Die spielende Klasse
        Jugenddienstverlag

Spielen — Spiele — Spiel in der Grundschule
Um nicht enttäuscht zu werden —
Vorbemerkungen zum Thema

"Prozesse" auslösen oder "Produkte" entgegennehmen?

Literatur zum Thema Sportunterricht kann sich als "prozeßorientiertes" oder als "produktorientiertes" Angebot verstehen. Dies würde im ersten Fall bedeuten, daß ein interessierter Leser damit rechnen muß, daß in ihm Vorgänge ausgelöst werden, die sein bislang festgefügtes Bild von Sportunterricht in Frage stellen und ihn zwingen, Positionen aufzugeben und Inhaltliches neu zu überdenken. Ohne Zweifel gewinnt er durch solche Prozesse einen Zuwachs an Urteilsvermögen, Selbständigkeit und an Fähigkeit, Althergebrachtes und Verkrustetes zu hinterfragen und in einen neuen, veränderten Sinnzusammenhang einzuordnen.

Im zweiten Fall werden Handlungsanweisungen vorgegeben, die das vorhandene Repertoire des Lehrers ergänzen oder erweitern. Sie sind dadurch gekennzeichnet, daß, in der Art eines "Rezepts", unmittelbar in unterrichtliches Geschehen umsetzbare Beispiele vermittelt werden.

Prozeßorientierte Formen der Fortbildung gelten als besonders erwachsenengerecht. Rezeptives, beispielhaftes, aus der Erfahrung anderer Gewonnenes wird zwar akzeptiert, aber nur auf einem minder bedeutsamen Niveau. Es stellt sozusagen die simpelste Stufe der Wissensvermittlung dar.

Vergleicht man diese Art der Weitergabe oder Aneignung von Wissen mit dem, was uns im täglichen Leben begegnet, stellt man schnell fest, daß "rezeptives" Lernen, also die Übernahme von bewährten Verhaltensmustern, in allen Lebensabschnitten eine große Rolle spielt, und zwar besonders dann, wenn wir uns in einem Fachgebiet bewegen wollen, das uns fremd ist, und in das man sich erst neu einarbeiten muß.

> **Wie "kompliziert" ist Sportunterricht?**

Den Vorgang des Unterrichtens kann man ungemein kompliziert darstellen. Wer sich im Metier nicht bereits auskennt, wird dann ob der vielen möglichen Wenn-und-Aber-Situationen, der oft "weltanschaulich" geprägten Interpretation von Sportunterricht und der vielfältigen unterrichtlichen Aspekte den Überblick verlieren. Wenn Autoren interessierte Leser mit Aussagen konfrontieren, wie "...jedes pädagogische Feld muß demnach als eine vieldimensionale Faktorenkomplexion aufgefaßt werden..." (Winnefeld, 1967, S.34), erzielen sie in der Regel mehrfach Wirkung:

* der Leser erkennt, daß der Autor über eine überaus komplexe Intelligenz verfügt (genau dies möchte jener mit solchen Aussagen auch erreichen),
* der Leser erschrickt und erkennt, daß er selbst möglicherweise niemals den erwarteten Anforderungen entsprechen kann,
* oder der Leser resigniert. Ein im Sinne der zu unterrichtenden Schüler gewiß sehr unerwünschtes Verhalten.

Daß Unterricht ein sehr komplexes Geschehen ist, weiß jeder, der damit befaßt ist. Bewegung, Geräuschpegel, der große Raum, die vielen Kinder verlangen besondere Bewältigungsstrategien, die für Sportunterricht charakteristisch sind. Sie sind "lernbar", können in Regeln und Empfehlungen gefaßt oder als "Rezepte" weitergegeben werden. Daß damit automatisch Erfolgsgarantien für einen allseits befriedigenden Unterricht verbunden sind, wird niemand erwarten. Eigenes Erproben, verbunden mit der Erfahrung von Erfolg und Mißerfolg, ist wohl nach wie vor eine besonders ergiebige Lernsituation. Besonders dann, wenn man bereit und in der Lage ist, den eigenen Unterricht kritisch zu reflektieren, zu analysieren und die richtigen Schlußfolgerungen zu ziehen.

> **Ein kind- und altersgemäßes Repertoire ist eine wichtige Grundlage für einen interessanten und erfolgreichen Sportunterricht.**

Es liegt mir fern, den Sportunterricht in der Grundschule als ein außergewöhnlich schwieriges Unterfangen darzustellen. Es geht lediglich darum, Aussagen zu machen zu Verhaltensweisen, die für einen gut organisierten und relativ störungsfreien Sportunterricht von Bedeutung sind ("Rezepte") und Vorschläge zur inhaltlichen Ausgestaltung im Sinne eines <u>Fundamentums</u> aufzuzeigen. Das Buch wendet sich an diejenigen, die...

> ✱ sich "ihrer Sache nicht ganz sicher sind",
> ✱ ihr Repertoire erweitern und damit eine Basis für einen fundierten Spielunterricht legen wollen,
> ✱ wissen wollen, welche Schwerpunkte den einzelnen Altersstufen zuzuordnen sind.

Die Vorschläge orientieren sich am Lehrplan des Landes Baden-Württemberg. Ich bin mir dessen sicher, daß diese Inhalte, möglicherweise leicht verändert, auch in anderen Bundesländern die Grundlage eines Spielunterrichts darstellen können. Ganz bewußt ist auf eine zu große stoffliche Fülle, auf "modische" Spiele und auf mögliche Variationen verzichtet worden.

Es liegt mir fern, den prozeßhaften Vorgang des Unterrichtens beeinflussen zu wollen. Nur bedingt kann man sich die entscheidenden Kriterien für einen erfolgreichen Unterricht anlesen. Sehr wohl aber kann man...

> ✱ sich bewährte Rahmenbedingungen für einen sachgemäßen Sportunterricht aneignen (sozusagen das "praktische Rüstzeug") und
> ✱ das vorhandene – im Laufe der Zeit vielleicht etwas reduzierte – Repertoire ergänzen.

Es kann einer Grundschulklasse nichts Schlimmeres widerfahren, als ein ganzes Jahr lang nur "Völkerball" spielen zu sollen, dürfen, müssen.

Nur der Lehrer, der über fachlich fundierte Kenntnisse und einen gesicherten Bestand an Spiel- und Übungsformen verfügt, kann beginnen zu verändern, zu variieren, zu gestalten. Phantasie, Kreativität und die Möglichkeit, aus dem Unterricht heraus Entwicklungen zu erkennen und sie fruchtbar zu nutzen, setzen voraus, daß sich der Lehrer frei und sicher fühlt. Und dazu bedarf es gewisser Kenntnisse – oder guter "Rezepte". Der Vergleich hinkt; aber lebt nicht eine gute Küche von bewährten Rezepten?

I.
Theoriebereich

1. Ziele des Spielunterrichts in der Grundschule

aus: Bildungsplan für die Grundschule, Baden-Württemberg 1983

Der Bildungsplan für die Grundschule nennt vier Ziele, die...
m i t
d u r c h S c h u l s p o r t erreicht werden sollen.
ü b e r

Es sind dies Zielsetzungen, die in gleicher Weise auch für die Belange des Spielunterrichts von Bedeutung sind:

| SPORTTREIBEN LERNEN UND KÖNNEN |

z.B. * Notwendige technische Fertigkeiten beherrschen (einen Ball prellen...),
* Spielsituationen durchschauen, Spielaufgaben lösen und Spielgedanken umsetzen können.

| DURCH BEWEGUNG, SPIEL UND SPORT UNMITTELBARE ERFAHRUNGEN MACHEN |

z.B. * Sich an gemeinsames Spielen gewöhnen (im Miteinander **und** Gegeneinander),
* Erfahrungen machen mit den eigenen körperlichen Möglichkeiten,
* im Spiel erfahren, daß andere Schüler "besser" oder auch "schlechter" sein können.

| WISSEN ERWERBEN |

z.B. * Regeln der Spiele erfahren, verstehen und einhalten können,
* Gefahrenquellen kennenlernen,

| HALTUNGEN, EINSTELLUNGEN UND GEWOHNHEITEN ENTWICKELN |

z.B. * Dem schwächeren Mitspieler helfen,
* "fair" sein, Rücksicht nehmen auf andere,
* ehrlich sein,
* verlieren, aber auch gewinnen können.

2. „Spielen" läßt unterschiedliche Gestaltungsmöglichkeiten zu

SPIELEN (lassen)

Im Mittelpunkt stehen...
* Erlebnis, Faszination, Freude.
* Begegnung mit anderen, Geselligkeit.
* Kreativität, Spontaneität.
* Entdecken, erfahren, verändern von Spielsituationen.

SPIEL unterrichten

Gefördert werden ...
* Spielfähigkeit (z.B. Spielverständnis, Regelkenntnis..)
* Spielfertigkeiten (z.B. technische und taktische Fertig- und Fähigkeiten.
* Kondition und Koordination.
* Unterrichten geschieht durch SPIELEN und ÜBEN.

SPIELEN miteinander

* Miteinander/"einfach so" ein Spiel spielen.
* Zuspielen, alle ins Spiel mit einbeziehen.
* So spielen, daß die anderen den gespielten Ball erreichen, dieser im Spiel bleibt und das Spiel über eine längere Zeit gelingt.
* Nicht siegen "müssen".

SPIELEN gegeneinander

* Gegeneinander! Wettbewerb! Einen Sieger ermitteln.
* Sich gegenseitig ausspielen.
* So spielen, daß der Gegner es schwer hat, an den Ball zu kommen oder einen Treffer zu vermeiden.
* Einen Verlierer ermitteln.

In Anlehnung an P.Sprung, Sporterziehung in der Schule 3,4/1982, S.7-8

3. Organisation ist — fast — alles
Wie man ein Spiel vorbereitet
Ein 6-Punkte-Programm

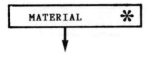

...bereitstellen oder bereithalten **V O R** dem Spiel!
Zum Beispiel: Parteibänder, Bälle, Hütchen, Male...

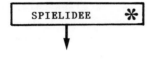

...und die wichtigsten SPIELREGELN erklären. Dem Spiel einen NAMEN geben, damit es die Kinder später wiedererkennen.
Je nach Verlauf des Spiels können diese Regeln verändert oder ergänzt werden.

...bilden.
Nicht "wählen" lassen! Es gibt andere, bessere Möglichkeiten. Siehe Seite ▓

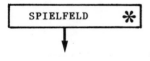

...festlegen.
Als Spielfeldgrenzen nehmen wir vorhandene Linien, Hütchen, spezielle Markierungen aus Weichplastik, ausgelegte Seilchen oder Taue.

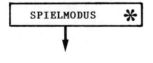

...bekanntgeben.
Wie lange "geht" das Spiel? Wann und unter welchen Bedingungen ist das Ziel des Spiels erreicht? Was ist erlaubt? Was ist nicht erlaubt? Wie werden Regelübertretungen geahndet?

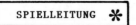

...- sofern notwendig - klären.
Lehrer - Schüler, die vom Sport befreit sind - Lehrer und Schüler...

In Anlehnung an P.Sprung, Sporterziehung in der Schule 3,4/1982, S.7-8

4. Woran man DENKEN sollte und was man WISSEN muß

KEIN ZU SCHNELLER WECHSEL DER SPIELE

Ein Spiel mehrmals wiederholen, um darin heimisch zu werden.

GENÜGEND ZEIT FÜR SPIELE EINPLANEN

In den letzten drei Minuten der Stunde läßt sich kein Spiel mehr organisieren! Die Schüler sollten ein Spiel mindestens einmal wiederholen können.

OPTIMALE SPIELINTENSITÄT ANSTREBEN

* Kein Kind soll ausscheiden müssen.
* In Kleingruppen arbeiten (z.B. bei Staffeln, bei Spielen quer zur Halle).
* Lange Wartezeiten vermeiden.
* Mehrere Bälle, Fänger... gleichzeitig einsetzen oder mehrere Gruppen gleichzeitig spielen lassen.
* Überzählige Spieler einwechseln.
* Genügend Geräte (z.B. Bälle) bereithalten.

so nicht!

SPIELE ÄNDERN SICH, WENN MAN SIE VARIIERT

Verändern kann man die Anzahl der Mitspieler oder der Fänger, die Spielfeldgröße, die Art der Ausgangsstellung und Fortbewegung... Damit ändert sich auch die Struktur des Spiels; es kann schneller oder langsamer ablaufen, langweiliger oder interessanter werden.

ERFOLG - für alle - MACHT EIN SPIEL ERST SCHÖN

Wer beim Spielen immer zu den Verlierern gehört, hat wohl kaum Freude am Spiel.
* Das Spielgeschehen soll so gestaltet werden, daß nicht immer die gleichen Spieler Erfolge oder Mißerfolge erleben.
* Ziele, die zu treffen sind, kann man unterschiedlich groß gestalten.
* "Tore" müssen groß genug sein, um viele Treffer zu ermöglichen. Damit bekommt jedes Kind die Chance, einen Treffer zu erzielen...

SPANNEND SOLLEN/MÜSSEN DIE SPIELE SEIN

Spiele sind für mich als Mitspieler dann spannend, wenn ich mir nicht sicher sein kann, daß ich...
* gewinne oder verliere,
* gefangen werde oder auch nicht,
* treffe oder danebenschieße,
* getroffen werde oder ausweichen kann,
* einen Ball noch erwische oder ihn durchlassen muß...

SPIELE KÖNNEN AUCH VON SCHÜLERN VERÄNDERT ODER NEU "ERFUNDEN" WERDEN

Die Schüler sollen in die Ausgestaltung des Spiels mit einbezogen werden. Sie müssen die Möglichkeit haben, ihre Ideen und Vorschläge zu verwirklichen.
* Offenes oder geschlossenes Unterrichtskonzept.

"STÄRKERE" SCHÜLER HABEN MEHR PFLICHTEN

Von ihnen wird erwartet, daß...
* sie "regelgerecht" spielen,
* den schwächeren Mitspielern helfen,
* Leistungen anderer auch anerkennen,
* besonders fair spielen...

SCWÄCHERE SPIELER BEKOMMEN ZUSÄTZLICHE RECHTE

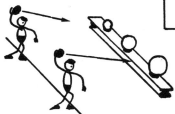

* Sie dürfen den Ball mit beiden Händen fangen.
* Sie werfen beim Zielwerfen auf größere Ziele, spielen auf ein größeres Tor...
* Sie bekommen einen "Vorsprung"...

KLARE KENNZEICHNUNG DER SPIELGRUPPEN/FÄNGER..

Es eignen sich dazu Bändel (aber nicht um den Hals), spezielle Leibchen, die Sportkleidung, lange/kurze Hosen...
Fänger lassen sich gut mit einer alten Mütze oder einem Hut kennzeichnen, der, bei Wechsel des Fängers, schnell weitergereicht werden kann.

KLARE ORGANISATIONSFORMEN SCHAFFEN

Spielfeldgrenzen, Ablaufmarkierungen bei Staffeln, Matten als Orientierungshilfen...
Aufstellung im Kreis, in der Reihe, auf einer Linie, frei in der Halle...
Es geht hier nicht um bloßen Formalismus, fast alle Spiele brauchen klare organisatorische Vorgaben, damit das Spiel gelingt.

OBJEKTIVE SPIELENTSCHEIDUNGEN TREFFEN

Festlegen, **wann** ein Spiel zu Ende ist (z.B. nach 10 Minuten, bei Erreichen von 10 Punkten, wenn alle Spieler gefangen sind...); **wo**, z.B. bei Staffeln, gestartet oder gewendet wird; **wie** die Ablösung erfolgen soll; **welche** Grenzen einzuhalten sind; **wo** das Ziel ist; **was** erlaubt/nicht erlaubt ist und **welche** Sanktionen dann getroffen werden müssen...

MANCHE SPIELE EIGNEN SICH MEHR FÜR DIE HALLE UND WENIGER FÜR DAS FREIGELÄNDE

Bei Jägerball- und Völkerballspielen im Freien rollen bei Fehlwürfen die Bälle weit weg und müssen umständlich geholt werden. Langeweile kann entstehen, da die Spielintensität zu gering wird. Möglichst viele Spiele sollten, wenn die Umstände dies zulassen, im Freien gespielt werden.

SCHÜLER KÖNNEN UND SOLLEN BEI DEN VORBEREITUNGEN, BEI DER DURCHFÜHRUNG UND BEIM AUFRÄUMEN MITHELFEN

* Beim Aufbau der Spielfelder.
* Beim Bereitstellen der notwendigen Materialien.
* Als Schiedsrichter, Punkt- oder Linienrichter, Zeitnehmer...

Sie müssen genau angewiesen werden, wer, zusammen mit wem, welche Tätigkeiten auszuführen hat.

SPIELE KÖNNEN IN JEDER PHASE DER SPORTSTUNDE EINGESETZT WERDEN – zu Beginn, im Hauptteil, am Schluß

 *Beginn der Stunde*

* Zu Beginn der Unterrichtsstunde (Motivation, Erwärmung, freudvoller Beginn...)
* Als Hauptteil (Spielstunde, in der ein neues Spiel erlernt wird, in der bekannte und beliebte Spiele gespielt werden...)

 *Kernteil der Stunde*

* Als Ausklang der Unterrichtsstunde (ein "beruhigendes" Spiel wird man dann wählen, wenn in der nächsten Stunde eine Arbeit geschrieben wird oder die Kinder stark belastet waren; ein körperlich belastendes oder aufregendes Spiel dann, wenn der Hauptteil der Stunde nicht sehr anstrengend war...)

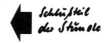 *Schlußteil der Stunde*

MIT SPIELEN KANN ICH UNTERSCHIEDLICHE ZIELE VERFOLGEN

Zum Beispiel kann ich.....
* die großen Sportspiele vorbereiten,
* Kraft, Ausdauer, Schnelligkeit (Reaktion), Geschicklichkeit und Gewandtheit schulen,
* sportliche Techniken erwerben,
* soziale Verhaltensweisen im Umgang mit Regeln, Mitspielern, "Gegnern"... einüben,
* mir und anderen einfach Freude bereiten.

Raum für eigene Eintragungen:

5. Was man alles VERÄNDERN kann bei den Spielen

DIE AUFSTELLUNGSFORM

Linie	Reihe	Gasse	Kreuz
⟁ ⟁ ⟁ ⟁ ⟁	D D D D D	⟁ ⟁ ⟁ ⟁	⟁ ⟁ ⟁ ⟁ ⟁ ⟁ ⟁ ⟁

Kleingruppe	Kreis	Doppelkreis	Flankenkreis

DIE FORTBEWEGUNGSART

Hüpfen auf einem Bein	Schlußsprung	Laufen auf allen vieren	Hüpfen auf allen vieren

Rückwärtslaufen	Geräte mitbewegen.... rollen....	prellen....	tragen....

Laufen paarweise	Schubkarre	Zwei tragen einen Dritten	rollen

DEN LAUFWEG

Laufen geradeaus
..bis zu einem Mal   ..um ein Mal herum   ..um den Kreis herum

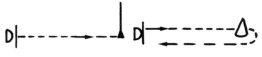

Laufen im Slalom
..um Geräte/Mitspieler/Markierung   ..um den Kreisherum

Hindernisse in den Laufweg einbauen (Bank, Bock, Matte...)
..darüber hinweglaufen/-springen.....darunter hindurch...

DIE AUSGANGSSTELLUNG

| Hockstand | Kniestand | Bank | Bauchlage |

| Rückenlage | Liegestütz | Schneidersitz |

DAS SPIEL-UMFELD

DAS SPIELFELD groß – klein – 1 Feld – mehrere Felder – Linien als Begrenzung – Wand als Grenze...

DIE MANNSCHAFT die Zahl der Mitspieler – Gleichzahl oder Überzahl – homogen – inhomogen – gleichgeschlechtlich – gemischt – Zahl der Fänger ...

DAS SPIELGERÄT ein oder mehrere Bälle – leichte, schwere, große, kleine, harte, weiche... Bälle – Kleingeräte – wertloses Material wie Zeitungspapier – ...

DIE NETZ-/LEINENHÖHE hoch – nieder – als "Fenster" – darüber hinweg – untendurch – ...

DAS ZIEL hochgehängt – niedrig/flach – klein und schwer zu treffen – groß und leicht zu treffen – ruhig – beweglich – ein Gegenstand – ein Mitspieler–...

DIE WURFART Schlagwurf – beidhändiger Wurf – zwischen den Beinen hindurch – rückwärts über den Kopf – ...

DEN SPIELMODUS Spielen auf Zeit – eine vorgegebene Punktezahl erreichen – einfach "so" spielen –...

Was braucht man dazu? Nichts als etwas P h a n t a s i e !!!!!

Raum für eigene Eintragungen:

6. Unfälle vermeiden

Jede Form von Bewegung ist mit einem mehr oder weniger großen Verletzungsrisiko verbunden. Ein Unfall im Spielunterricht kann also niemals ganz ausgeschlossen werden. Deshalb nun die Bewegungsmöglichkeiten der Kinder rigoros einzuschränken, kein "Risiko" mehr einzugehen, alle Maßnahmen nur unter dem Aspekt der Sicherheit zu sehen und stets ein hemmendes Gefühl der Angst vor drohenden Gefahren in sich zu tragen, entspräche einer Situation, die mit kindgemäßem Spielunterricht nichts mehr gemein hätte. Es ist nicht möglich, für alle Kinder und alle denkbaren Situationen Handlungsanweisungen für einen sicheren Spielunterricht bereitzuhaben. Die folgenden, gewiß nicht vollständigen, Hinweise zu einem sicheren Spielunterricht sind Tips aus der Praxis. Sie stellen eine Basis an Verhaltensweisen dar, die aus den eigenen Erfahrungen heraus Ergänzung finden muß.

- einige wichtige Punkte -

Uhren und Schmuck (große Ohrringe, kantige Ringe, Armreifen) ablegen und sicher verwahren. Kaugummi in den Mülleimer!

Mädchen mit besonders langen und offen getragenen Haaren sollten diese festknoten.

Richtige Sportkleidung trägt zur Sicherheit bei. Besonders wichtig sind gut geformte Sportschuhe! Keinesfalls auf Socken spielen lassen.

Im Spielfeld selbst dürfen keine Hindernisse (Bälle, Reifen...) liegen. Wenn, z.B. bei Staffeln, Hindernisse in den Laufweg eingebaut werden, sollten diese möglichst groß und feststehend sein.

Die Spielfeldgrenzen müssen weit genug
von der Wand entfernt sein! Bänke eignen
sich nicht als Feldmarkierungen oder
Abgrenzungen. Zur Markierung eignen sich
vorhandene Linien, Kreidestriche, Hütchen,
Plastikstreifen, Seilchen...

Die Wand darf nie das Ziel oder der Wendepunkt sein bei Fang-, Lauf-, Ballspielen
oder Staffeln. Für genügend Abstand und
Auslauf sorgen.

Für passende Spielgeräte sorgen. Weichbälle (Schaumstoffbälle) benützen wir immer
dann, wenn mit mehreren Bällen gleichzeitig "geschossen" wird, wie dies bei vielen
Jägerballspielen üblich ist.

Ziele fest verankern und gegen Umfallen
sichern (z.B. Handballtore,...).

Altersstufengemäße Anforderungen stellen.
Die Schüler nicht überfordern. Viele
Fangspiele sind für die Erstkläßler z.B.
zu kompliziert.

Die Schüler nicht unterfordern. Sie suchen,
wenn es ihnen zu langweilig wird, nach
Ersatzhandlungen, um sich und ihre Mitschüler zu "beschäftigen". Daraus können
gefährliche Situationen erwachsen.

Wettbewerbsmäßig orientierte Staffeln
nicht mit Gleichgewichtsaufgaben verbinden
(z.B. Wendestaffel, bei der ein Schwebebalken längs überlaufen werden muß).

"Schubkarrenfahren" eignet sich nicht als Wettbewerb (Staffel). Der "Fahrer" ist auf jeden Fall schneller und bringt die "Schubkarre" zu Fall.

Klare Ordnungsformen und von allen akzeptierte Regeln sind eine gute Gewähr für einen sicheren Spielunterricht.

Zahlreiche Kinder haben, oftmals unbemerkt, vor dem Sportunterricht Angst. Deshalb: Ängste abbauen helfen! Kinder, die sich vor einem Ball fürchten, dürfen z.B. mit dem weichen Softball spielen.

Der Lehrer muß unter dem Aspekt der Sicherheitserziehung zwei Schülergruppen besonders beachten:
* den sportschwachen Schüler,
* den risikofreudigen Schüler.

Um dem sportschwachen Schüler gerecht zu werden, muß der Lehrer...
* die Spiel- und Übungsformen bedacht auswählen und systematisch anordnen,
* die Unterrichtsorganisation auf mögliche Diskriminierung hin durchdenken (z.b. beim "Wählen" von Mannschaften),
* das Lehrer- und (Mit-)Schülerverhalten entsprechend beachten (z.B. Lachen über mangelnde Leistungen),
* die Zielorientierung variabel gestalten (Nicht alle müssen die gleichen Leistungen erreichen).

Um dem risikofreudigen Schüler gerecht zu werden, muß der Lehrer...
* ihm die Relativität sportlicher Handlungsziele vor Augen führen und immer wieder bewußtmachen,
* Streß-Situationen vermeiden oder den Schüler von diesen entlasten.

Für beide Gruppen ist es von zentraler Bedeutung, ein realistisches Selbstkonzept im Sport entwickeln zu können.

(Aus "Unfallverhütung beim Handballspiel" Sicherheit im Schulsport, Heft 3, BAGUV)

7. Parteien, Gruppen, Mannschaften sollen gebildet werden

✳ WÄHLEN oder WÄHLENLASSEN wäre die schlechteste aller Möglichkeiten. Welches Kind freut sich denn schon darüber, als letztes "gewählt" zu werden!?
Die nachfolgend vorgeschlagenen Maßnahmen sind weder vollständig noch perfekt; alle haben sie ihre Schwächen! Aber alle sind sie immer noch besser als WÄHLEN!!

Beispiel: Wir haben 20 Schüler und wollen VIERERGRUPPEN

✳ Die Schüler sitzen nebeneinander auf der Bank und zählen 1-2-3-4-5 / 1-2-...Jeder merkt sich seine Zahl. Alle 1er - 2er - 3er - 4er - 5er gehen zusammen.

✳ Wir spielen das Spiel "Freunde suchen". Alle laufen - vielleicht sogar auf Musik - durcheinander. Auf ein Zeichen des Lehrers (eine Zahl rufen - mit den Fingern eine Zahl zeigen - eine Zahl klatschen) gehen die Schüler schnell in die entsprechenden Gruppen zusammen.

Aufgaben: ✳ Sich an den Händen halten...
✳ Alle Füße sind in der Luft...
✳ Nur 4 der Füße dürfen den Boden berühren...
✳ Alle 4 Schüler stehen/sitzen hinter-/nebeneinander...

✳ Der Lehrer verteilt gleich zu Beginn des Unterrichts verschiedenfarbene (5 Farben) Materialien wie Wäscheklammern, Bänder oder Leibchen. Alle Schüler mit der gleichen Farbe gehen zusammen.

✷ Wir üben oder spielen mit Kleingeräten (Bälle, Reifen, Stäbe, Seile..). Diese sind von unterschiedlicher Farbe, so daß sich, nach Farben getrennt, die gewünschten Gruppierungen ergeben (z.B. mit Hilfe von je 4 roten, blauen, grünen, gelben und weißen Gymnastikbällen).

✷ Der Lehrer bestimmt 5 Schüler, die etwa gleich "stark" sind. Alle anderen Schüler verteilen sich so, daß hinter jedem der ausgewählten Schüler drei weitere stehen.

✷ Beispiele für weitere Gruppierungsmöglichkeiten (besonders geeignet zur Bildung von zwei gleichgroßen Gruppen):
   * Trennung nach den Geburtsmonaten (Januar bis Juni in Gruppe 1, Juli bis Dezember in Gruppe 2)
   * Trennung nach Geburtstagen (gerade und ungerade Tage)
   * Trennung nach Buchstaben (A - K in Gruppe 1, L - Z in Gruppe 2, jeweils auf die Vornamen bezogen).

✷ Bei extremer **Unausgewogenheit** muß der **Lehrer** ausgleichen.

✷ Gruppen können auch über einen nicht allzu lange bemessenen Zeitraum zusammenbleiben. Daraus ergeben sich eine Reihe von Vorteilen; zeitraubende Umgruppierungen in jeder Unterrichtsstunde können so entfallen.

Raum für eigene Eintragungen:

8. Der Bildungsplan im Fach Sport

Der Bildungsplan unterscheidet zwischen...

INDIVIDUAL-ERFAHRUNGEN	**ERFAHRUNGEN MIT PARTNER UND GRUPPE**	**SPORTARTBEZOGENEN ERFAHRUNGEN**
= individueller Umgang mit Spielgeräten wie... * Papier * Bällen * Tüchern * Reifen * Pedalos * und anderen Materialien...	= Kleine Spiele mit Partner und Gruppe wie... * Fangspiele * Platzsuchspiele * Platzwechselspiele * Spiele mit und an Geräten...	= Hinführung zu den "Großen" Spielen im Sinne von... *"Spielen mit der Hand" (Basket-, Hand- und Volleyball) *"Spielen mit dem Fuß" (Fußball)

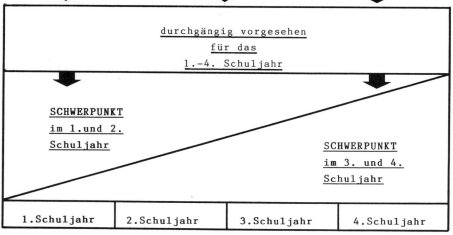

durchgängig vorgesehen für das 1.-4. Schuljahr

SCHWERPUNKT im 1.und 2. Schuljahr

SCHWERPUNKT im 3. und 4. Schuljahr

| 1.Schuljahr | 2.Schuljahr | 3.Schuljahr | 4.Schuljahr |

II.
Praxisbereich

1. Individualerfahrungen

aus: Bildungsplan für die Grundschule, Baden-Württemberg 1983

1.1 Vorgaben des Bildungsplans für die Klassen 1–4

KLASSEN 1/2 - INDIVIDUALERFAHRUNGEN

Die Schüler lösen einfache Spielaufgaben. In überschaubaren Situationen werden die Kinder zum Finden, Erproben und Gestalten von Spielmöglichkeiten herausgefordert.

Spielen mit kleinen und großen Geräten, Materialien und Gegenständen.	Luftballon, Sandsäckchen, Zeitungspapier... Eine sinnvolle Begrenzung der Geräte fördert das Verweilen beim Spiel.
Spiele mit akustischen Impulsen. Bewegungsreiche Improvisations- und Nachahmungsaufgaben.	Personen. Verschiedene Berufe. Zauberer. Tiere. Bewegen nach Musik als Eiskunstläufer. Geschichten und Spiellieder.

KLASSE 3 - INDIVIDUALERFAHRUNGEN

Die Schüler lösen Spielaufgaben, entwickeln Spielgedanken und wandeln Spiele ab.

Spielen mit kleinen und großen Geräten, Materialien und Gegenständen.	
Spiele unter Benützung von Markierungen.	Hallenboden, Hallenwand, Linienfangen...
Vorgegebene Themen in Bewegungen umsetzen.	Gehen durch heißen Sand, tiefes Wasser, auf der Eisfläche...

KLASSE 4 - INDIVIDUALERFAHRUNGEN

Die Schüler entwickeln Spielideen und lösen Spielaufgaben.

Selbständig mit Bällen und Geräten spielen.	Verschiedenartige Bälle, Grenzstangen, kleine Kästen, Markierungskegel, Körbe...

1.2 Individualerfahrungen

Auch ohne detaillierte Vorgaben durch Erwachsene können Kinder - und Grundschulkinder erst recht - den Umgang mit verschiedenen **Materialien** erproben, wissen mit kleinen und großen **Geräten** umzugehen und verstehen es, die unterschiedlichsten **Gegenstände** einer Funktion zuzuführen, sie "lebendig" werden zu lassen und mit ihnen zu **spielen**.

Welche Materialien, Geräte und Gegenstände eignen sich dazu?

Luftballons	Rollbretter	Langbänke
Badebälle	Pedalos	Kästen
Schaumstoffbälle	Sportkreisel	Weichbodenmatten
Chiffontücher	Bälle jeglicher Art	Reifen
Zeitungspapier	Rugby-Bälle	Barren
Teppichfliesen	Tennisringe	Taue, Seilchen
jap. Papierbälle	Tischtennis-, Bad-	Kletterstangen
Wattebäusche	minton- und Tennis-	...
Styroporkugeln	Spielgeräte	**(Geräte durch**
...	Indiaca-Flugbälle	**Matten sichern!)**
	...	

Vorgehensweise

Manche Kinder sind ausgesprochen kreativ, andere weniger und wieder andere bedürfen konkreter Vorgaben durch den Lehrer.
Ausgehend von **offenen Handlungsspielräumen** sollen die Kinder Spielmöglichkeiten suchen, finden, erproben und gestalten. Sie sind "Produzenten", die Ideen entwerfen und sie umzusetzen versuchen.
Eingeschränkte Handlungsmöglichkeiten engen den "Spiel"raum ein. Sie werden vom Lehrer vorgegeben und verlangen vom Schüler, daß er innerhalb eines mehr oder weniger engen Rahmens handelt.
Handlungsanweisungen machen den Schüler zum Konsumenten, der auf die Ideen des Lehrers wartet (warten muß!), um sie in der von ihm gewünschten Weise durchzuführen.

Es ist von besonderer Bedeutung, daß...
..die Schüler <u>längere Zeit an einem Gerät</u> verweilen,
..die <u>Zahl der</u> angebotenen unterschiedlichen <u>Geräte</u> begrenzt bleibt.
...gefährliche Geräte (Barren...) durch <u>Unterlegen von Matten</u> gesichert werden,
..der Lehrer seinen <u>Blick für mögliche Gefahren</u> schärft und rechtzeitig eingreifen kann.

Kl. 1/2 — 1.3 Spielen mit Geräten, Materialien und Gegenständen

Spielen mit einem Chiffontuch

offener Handlungsspielraum

Jeder Schüler bekommt ein buntes Chiffontuch, mit dem er "spielen" darf. Er kann es...hochwerfen und zuschauen, wie es gemächlich zu Boden sinkt,
...hochblasen,
...versuchen, durch ständiges kräftiges Blasen in der Luft zu halten,
...entlang einer Linie auf dem Hallenboden treiben,
...als "Dach" benützen und damit durch die Halle laufen,
...sich auf die Brust legen und, ohne es festzuhalten, durch die Halle bewegen...

In gleicher oder ähnlicher Weise spielen die Kinder mit dem Luftballon, einer Zeitungsseite, Badebällen...

Spielen mit großen Geräten

Langbänke veranlassen die Kinder zum Balancieren, Übersteigen, Entlangziehen, Unterkriechen, Umsteigen....
Weichbodenmatten veranlassen die Kinder zum Hüpfen, Umfallen, Unterkriechen, Draufspringen mit und ohne Anlauf, Weitspringen, Rollen...

Kl. 1/2 1.4 Spiele mit akustischen Impulsen

Geräusche in Bewegung umsetzen:

Der Lehrer	Die Schüler
..klatscht in die Hände, schlägt ein Tamburin, "macht" Musik (Kassette).	..laufen laut oder leise, langsam oder schnell geradeaus oder in Kurven; ihre Schritte sind lang oder kurz, schwerfällig oder leichtfüßig...

..prellt einen Ball hoch oder oder tief, schnell oder langsam.

..springen (ein- oder beidbeinig) möglichst genauso wie der Ball.

..pfeift, klatscht in die Hände oder spricht ein "Zauberwort"...

..starten (auch aus verschiedenen Ausgangsstellungen) und laufen -hinter ein Mal, -um etwas herum, -in ihr "Haus"...

..laufen und stoppen auf das vereinbarte Zeichen schnell ab - sie machen sich klein, - sie machen sich groß, - sie "erstarren" zu einer Figur...

Nach vorgegebenem Rhythmus laufen
Nach dem Laufen Rhythmen erkennen

Längs der Halle sind in gleichen Abständen auf dem Boden Matten, Seilchen oder Teppichfliesen ausgelegt. Die Schüler laufen...
einzeln...   paarweise...   in Gruppen...

so oder so

Sie erkennen den Laufrhythmus, nehmen ihn auf und klatschen ihn. Der Lehrer gibt (durch Klatschen) den Rhythmus vor, die Schüler versuchen, auf diesen Rhythmus über die "Hindernisse" zu laufen.

Kl. 1/2 — 1.5 Bewegungsreiche Improvisations- und Nachahmungsaufgaben

Nachahmungsaufgaben aus dem technischen Bereich

Schüler setzen Situationen, die sie aus dem täglichen Leben kennen, in Bewegung um. Sie werden zu Piloten, Renn- oder Omnibusfahrern und bewegen sich so geräuschvoll, als ob...
* ein Auto-, Fahrrad-, Motorradrennen stattfinden würde,
* Düsenflugzeuge starten, fliegen und landen,
* Segelflugzeuge leise ihre Kreise drehen,
* Lokomotiven einen schweren Zug ziehen,
* Lastautos eine Steigung erklimmen würden...

Dabei können sie sich auch verschiedener Geräte bedienen, um die Illusion zu vervollständigen.

Berufe, Personen, Tiere darstellen

Spiel: "Hans, was bist du?"

"Hans", ein Schüler, darf einen Beruf, ein Tier, eine Person (z.B. einen Lehrer) vor der Klasse darstellen. Gelingt es den Schülern, das Rätsel zu lösen, darf "Hans" versuchen, seine Mitschüler zu fangen. Sie rennen davon und bringen sich hinter einem zuvor festgelegten Freimal (Matten, Linien, in einem Taukreis) in Sicherheit. Alle Schüler, die "Hans" berühren kann, werden nun seine Helfer.

Einfache Bewegungsaufgaben wie..
alle Schüler bewegen sich wie eine Schlange, ein Frosch, ein Pferd, ein lahmer Esel, eine schnatternde Gans, eine Katze, die eine Maus fängt, ein Tiger, der sich anschleicht, ein Hund, der das Haus verteidigt, ein Elefant, ein Äffchen, das zeigen will, was es alles kann...

Einfache Bewegungsaufgaben wie...

alle bewegen sich wie... ...wie Großmutter, Großvater,
die flotte Liese der lustige Fritz,
jemand, der viel gearbeitet hat, jemand, der eine Last trägt,
jemand, der müde ist, jemand, der fröhlich ist,
Mutter beim Schaufensterbummel, Vater bei der Gartenarbeit,

In gleicher Weise lassen sich vielfältige Bewegungsformen aus der Welt des Sports, des Verkehrs, des Urlaubserlebens darstellen und mit Spielen verbinden.

Das <u>Zauberspiel</u>

Eines der Kinder stellt, ausgestattet mit einem "Zauberstab" (Holzstab), den Zauberer dar. Hält der Zauberer seinen Stab hoch, laufen alle kreuz und quer durcheinander. Läßt er ihn fallen, dann kann er die Schüler verzaubern, z.b. zu einer Schaufensterpuppe, einem Straßenkehrer, einer Lokomotive...

Geschichten und Spiellieder

Viele <u>Geschichten</u> und Märchen lassen sich mit darstellender Bewegung verbinden (Die Heinzelmännchen aus Köln, Geschichten aus Max und Moritz, selbstgestaltete Geschichten, bei denen die Schüler die jeweils genannten Tätigkeiten darstellen müssen...). Darüber hinaus eignen sich <u>Darstellungsspiele</u> ganz besonders, die Phantasie der Kinder anzuregen (Dornröschen war ein schönes Kind... Wer will fleißige Handwerker sehen... Es tanzt ein Bi-Ba-Butzemann...)

In Verbindung mit dem Fach Musik kann man eine Vielzahl von einfachen <u>Spielliedern</u> erarbeiten. Es sind dies Titel wie...
...Liebe Schwester tanz mit mir...
...Zum Tanze da geht ein Mädel...
Die ausführliche Darstellung solcher Bewegungsformen würde den Rahmen der Arbeit sprengen. Mit Phantasie, Geschick und musikalischem Sachverstand gelingt es, Musik bzw. ein Lied mit Bewegung zu verbinden.

Kl. 3/4 — 1.6 Spielen mit Geräten, Materialien und Gegenständen

Wie in den Klassen 1/2 erweitern die Schüler im vielfältigen und selbständigen Umgang mit den unterschiedlichsten Geräten, Materialien und Gegenständen ihren Handlungsspielraum und Erfahrungsbereich.
Enge Bezüge ergeben sich dabei zu den Arbeitsbereichen "Sich bewegen mit und ohne Gerät" und "Sich bewegen an Großgeräten".
Die Schüler...

* klettern auf unterschiedlichste Weise an den Kletterstangen,

* balancieren, unter Mitnahme anderer Geräte, über schmale Stege,

* bewegen sich mit Hilfe unterschiedlichster Geräte fort,

* treffen mit Hand und Fuß auf/in hohe und niedere Ziele,

* jonglieren die unterschiedlichsten Geräte,

* kombinieren verschiedene Kleingeräte miteinander und finden neue Bewegungsformen.

Kl. 3/4 — 1.7 Vorgegebene Themen in Bewegung umsetzen

Diese Themen sollen zwar eng formuliert sein, andererseits aber die Möglichkeit eröffnen, sie mit bewegungsreichem Leben zu erfüllen. Beispiele ergeben sich aus Themenbereichen des täglichen Lebens. Bei der Umsetzung kann so vorgegangen werden, daß alle Kinder immer die gleichen Bewegungen durchführen. Es ist aber auch denkbar, daß, zusammen mit den Kindern, Bewegungsstationen erarbeitet werden, an denen ein Teilthema dargestellt wird.

Wir treiben Wintersport!

Station 1: <u>Wir fahren Schlitten</u>
 Die Kinder steigen auf den Kasten und rutschen auf der Bank abwärts.

Station 2: <u>Schlittschuhlaufen</u>
 *Die Kinder bewegen sich auf zwei Teppichfliesen wie Eisläufer fort.

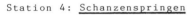

Station 3: <u>Wir stapfen durch tiefen Schnee</u>
 *Tief sinken alle ein und kommen nur mühsam vorwärts.

Station 4: <u>Schanzenspringen</u>
 *Anlauf über eine Kastentreppe und Sprung auf eine Weichbodenmatte.

Station 5: <u>Eishockeyspielen</u>
 *Sich auf zwei Teppichfliesen fortbewegen und mit einem Plastik-Hockeyschläger einen Ball bewegen.

Station 6: <u>Slalomlaufen</u>
 *Mit geschlossenen Beinen über ein ausgelegtes Tau springen.

Station 7: <u>Eisstockschießen</u>
 *Gummipucks oder die Eisenfüße der Malstangen sind die Spielgeräte.

Station 8: <u>Schneeballwerfen</u>
 *Hinter Kästen versteckt, darf mit Schaumstoffbällen auf Mitspieler geworfen werden.

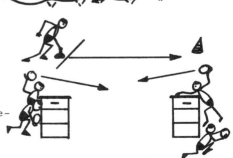

Die Kinder beschäftigen sich, solange die Musik läuft, an ihrer Station.

Beispiele für weitere Themen, die so oder in ähnlicher Weise erarbeitet werden können:

"Ein Unfall ist geschehen"
- *Zwei Omnibusse sind zusammengestoßen
- *Polizei, Feuerwehr und Krankenwagen eilen herbei
- *Verletzte werden geborgen und kommen ins Krankenhaus
- *Die Busse werden abgeschleppt
- *...

"Im Zirkus"
- *Clowns treten auf
- *Dressierte Tiere werden vorgeführt, die Kunststückchen können (zum Beispiel durch einen Reifen "springen")
- *Einige können, mit Hilfe anderer, auf den Händen laufen
- *Trapezkünstler schwingen am Tau
- *Einige können geschickt mit Bällen umgehen
- *Fliegende Menschen zeigen ihre Kunst
- *Balanceakte über dem Abgrund
- *...

"Durch den Dschungel"
- *Bäume und Felsen müssen beiseitegeräumt werden
- *Reißende Flüsse müssen in "Einbäumen" überquert werden
- *Über Schluchten balancieren wir auf schmalen Brücken
- *Kletternd bezwingen wir Felswände
- *Manchmal schwingen wir uns von Baum zu Baum
- *...

Zunehmend bevorzugen die Kinder Aufgaben, die ohne die Mithilfe anderer nicht mehr gelöst werden können. Diese Prozesse sind zu fördern. Gerade hier, und besonders in Verbindung mit Aufgaben, die sich nicht an den Normen des institutionalisierten Sports orientieren, kann es gelingen, Außenseiterkinder in die Gruppe zu integrieren.

Kl. 3/4 — 1.8 Mit Bällen und Geräten spielen, Markierungen benützen

Die Schüler erproben zunächst alleine die Möglichkeiten, die die angebotenen Geräte bieten:
- Hockeyschläger und Tennisball,
- Luftballons/Zeitlupenbälle und hochgespannte(s) Leine/Netz,
- kleiner Schaumstoffball und Speckbrett,
- "Rugby-Ei",
- Erdball/Push-Ball,
- Tischtennisball und Joghurtbecher,
- "Speed-Play"-Keulen und leichte Plastikbälle,
- "Jonglierbälle"
- und andere, vor allem ausgefallene, Geräte und Bälle.

Ein besonderer Reiz liegt in der Kombination von Geräten, da damit eine wesentliche Erweiterung der Spielmöglichkeiten gelingt. Es ist zu berücksichtigen, daß viele Beispiele für individuelles Tun sich auch in anderen Bereichen des Sports anbieten, ganz ausgeprägt z.B. im Arbeitsbereich "Sich bewegen mit und ohne Gerät" und im Arbeitsbereich "Sich bewegen an Großgeräten".

Raum für eigene Eintragungen:

2. Erfahrungen mit Partner und Gruppe

2.1 Vorgaben des Bildungsplans für die Klassen 1–4

KLASSEN 1/2 - ERFAHRUNGEN MIT PARTNER UND GRUPPE

Die Schüler freuen sich an gemeinsamen Spielen, sie lernen die Umgebung als Raum für das Sporttreiben kennen, sammeln Bewegungs- und Sinneserfahrungen und gewinnen Bewegungssicherheit. Sie erfinden Spiele, bei denen alle Schüler, die zu einer Gruppe gehören, beteiligt werden. Sie lernen Kleine Spiele, erkennen Spielregeln und Ordnungsformen an und halten sie ein. Einfache Grundfertigkeiten im Umgang mit dem Ball werden erworben.

Spiele erfinden und gemeinsam spielen	Spielen in Kleingruppen Pausenhof, Gelände, Außenanlagen, Spielplatz, Wiese, und Wald
Kleine Spiele Platzsuch- und Platzwechselspiele	Spiele mit Ausscheiden sind zu vermeiden. Feuer - Wasser - Sturm
Fangspiele	Tag - Nacht
Wettläufe	Gruppenwettläufe
Kraft- und Gewandtheitsspiele	Ringender Kreis
Spiele zur Schulung der Sinne	Richtungshören, Ballraten
Ballspiele	Haltet das Feld frei
Freies und gelenktes Spielen im Gelände	Möglichkeiten des Wintersports nutzen Kennenlernen von Regeln zum schonenden Umgang mit der Natur
Spielformen mit dem Ball zur Verbesserung der Grundfertigkeiten Werfen, Fangen, Schießen	Treffball, Zehnerle, Wandkick

KLASSE 3 - ERFAHRUNGEN MIT PARTNER UND GRUPPE

Die Schüler erweitern ihre Fähigkeit, gemeinsam zu spielen und lernen, leistungsschwächere Schüler in das Spiel miteinzubeziehen. Sie übernehmen einfache Spielbeobachtungsaufgaben und sollen Kleine Spiele zunehmend selbständig organisieren.

Spielideen nach einem vorgegebenen Thema gemeinsam entwickeln und unter Einbeziehung von Geräten und Materialien umsetzen	Balancieren über schmale Stege, Akrobatengruppe, Brücken bauen
Kleine Spiele	Auch unter Einbeziehung von Außenanlagen und Gelände
Platzsuch- und Platzwechselspiele	Komm mit - Lauf weg mit unterschiedlichen Fortbewegungsarten
Fangspiele	Verzaubern, Versteinern
Wettläufe	Nummernwettläufe
Kraft- und Gewandtheitsspiele	Tauziehen
Spiele zur Schulung der Sinne	Tierstimmen finden, Linienlaufen
Ballspiele	Schnappball
Spielbeobachtungsaufgaben	Treffer zählen, Linienrichterfunktion, Zielrichter

Klasse 4 - ERFAHRUNGEN MIT PARTNER UND GRUPPE

Die Schüler spielen gemeinsam und gewinnen Freude am Mannschaftsspiel. Sie sollen lernen, auf die leistungsschwächeren Schüler Rücksicht zu nehmen und sie auch in Wettkampfsituationen mit einzubeziehen. Die Schüler übernehmen einfache Schiedsrichteraufgaben und organisieren Kleine Spiele.

Spielsituationen unter Vorgabe eines Bewegungsthemas entwerfen, organisieren und gestalten	Sich fortbewegen mit Hilfsgeräten, Zirkusnummern (Fliegende Menschen, Seiltänzer, Jongleure, Zirkuspferde, Clowns) Dschungelspiel
Kleine Spiele	
Platzsuch- und Platzwechselspiele	Sprung in den freien Reifen
Fangspiele	Kettenfangen
Wettläufe	Staffelspiele
Kraft- und Gewandtheitsspiele	Henne und Habicht
Einfache Schiedsrichteraufgaben	Treffer zählen, Linienrichterfunktion, Zielrichter

Auch weitere Spiele	Ringhockey, Hockey mit Plastikschlägern, Speed-Play, Push-Ball, Spiele mit Speckbrett und Family-Tennisschlägern oder andere in der Freizeit gebräuchliche Spiele.

aus: Bildungsplan für die Grundschule, Baden-Württemberg 1983

Raum für eigene Eintragungen:

2.2 Erfahrungen mit Partner und Gruppe

Die Schüler üben und spielen g e m e i n s a m . In Partner- und Gruppenformen.....

- ..lernen sie neue Spiele kennen,
- ..sammeln sie Bewegungserfahrungen,
- ..erkennen sie Spielregeln und Ordnungsformen,
- ..lernen sie, leistungsschwächere Schüler in das Spiel mit einzubeziehen,
- ..erfinden sie neue Spiele,
- ..gewinnen sie Bewegungssicherheit,
- ..übernehmen sie Spielbeobachtungsaufgaben,
- ..lernen sie die Umgebung als Raum für das Sporttreiben kennen,
- ..lernen sie Spiele selbst zu organisieren.

(zitiert nach dem Bildungsplan für die Grundschule, Baden-Württemberg 1983

Vorgehensweise:

Die in der Inhaltsspalte des Lehrplans genannten Begriffe werden im folgenden aufgegriffen und mit bewährten Beispielen belegt. Dabei wird unterschieden zwischen Inhalten der Klassen 1 und 2 und Inhalten der Klassen 3 und 4.

Schema:

Klassen 1/2	Fangspiele	..."Fuchs, wieviel Uhr ist es?"
		..."Henne und Habicht"
Klassen 3/4	Fangspiele	..."Fischerspiel"

| **Kl. 1/2** | **2.3 Spiele erfinden und gemeinsam spielen** |

Es muß nicht immer der Lehrer sein, der ein "fertiges" Spiel samt zugehörigem Regelwerk und Lösungsmöglichkeiten vorgibt. Zwei bis vier Schüler erhalten Spielgeräte und werden dazu ermuntert, verschiedene Dinge auszuprobieren.

Beispiel: 3 Schüler erhalten   1 Ball und 1 Reifen
                                 1 Stab und 1 Teppichfliese
                                 1 Tischtennisball und 3 Plastikbecher
                                 1 Zauberschnur und 1 Ball

Aus der Kombination unterschiedlicher Geräte in unterschiedlicher Anzahl ergeben sich, Phantasie und Kreativität vorausgesetzt, die vielfältigsten Möglichkeiten, Bewegungsformen zu "erfinden" und mit diesen Gerätekombinationen zu "spielen".

| **Kl. 3/4** | **2.4 Spielideen entwickeln und umsetzen. Spielsituationen entwerfen und gestalten** |

Wir balancieren!

Es gibt unterschiedlich schwierige Möglichkeiten, dieses Thema zu gestalten. Balancieren kann man dabei auf
- schmalen oder breiten,
- ebenen oder schräggestellten,
- festen oder beweglichen

Flächen. Dabei kann man sogar Gegenstände transportieren (einen Ball rollen), kann Hindernisse übersteigen oder durchkriechen (ein Hütchen, einen senkrecht gestellten Reifen) und soll auch noch entgegenkommenden Mitschülern ausweichen.

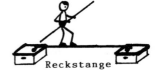
Reckstange

Umgedrehte Bank mit Hindernissen

Schräge Bank

Wir bauen einen "Laufsteg"/eine Brücke

Mit Hilfe der vorhandenen Geräte bauen wir einen "Laufsteg", auf dem man, ohne den Boden zu berühren, die ganze Sporthalle durchqueren kann.

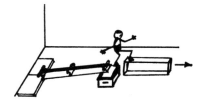

Wir bauen Fahrzeuge!

Es gibt die unterschiedlichsten Möglichkeiten, um sich mit einem selbstgebauten Fahrzeug fortzubewegen.

Ein umgedrehter Kastendeckel rollt auf mehreren Bällen.

Eine umgedrehte Bank rollt auf mehreren Stäben

Ein Pedalo ist der Antrieb für das Gefährt.

Wir lösen - jede Gruppe auf ihre Weise - schwierige Aufgaben

Eine Dreiergruppe soll sich gemeinsam über eine vorgegebene Strecke fortbewegen. Dabei dürfen aber nur 2 Füße den Boden berühren!

so...

oder so...

Eine große Gruppe soll einen tiefen "Fluß" überqueren. Als einzige Hilfsmittel stehen der Gruppe ein langes Seil und ein Rollbrett zur Verfügung. Lediglich die Hände dürfen dabei ins" Wasser" greifen. Einzige Regel: Auf dem Rollbrett darf man nicht stehen!

Kl. 1/2   2.5 Platzsuchspiele/Platzwechselspiele

Feuer – Wasser – Sturm

Jedem der drei Begriffe wird eine Tätigkeit zugeordnet:
Feuer = der Boden wird "heiß", wir hüpfen auf der Stelle
Wasser = wir "schwimmen", legen uns bäuchlings auf den Boden und machen Schwimmbewegungen
Sturm = wir bringen uns in Sicherheit und steigen auf Bänke und Kästen

Freunde suchen

Alle laufen durcheinander. Auf den Ruf des Lehrers **"zwei"** finden sich immer zwei Schüler zusammen (entsprechend bei 3/4/5...).

Erweiterung: Dabei sind zusätzliche Aufgaben zu lösen, wie...
* hintereinander sitzen,
* Rücken an Rücken stehen,
* alle Füße müssen in der Luft sein...

oder...

oder...

Hundehütte

Die Schüler im inneren Kreis grätschen die Beine. Sie stellen die "Hütten" dar. Um diesen Kreis herum laufen die "Hunde" (1-2 Hunde mehr als vorhandene Hütten), die auf ein Zeichen des Lehrers schnell in eine Hütte kriechen sollen. Nicht allen gelingt dies; sie dürfen dann noch einmal mitlaufen.

Esel - Pferde - Kamele

Die Klasse wird zu gleichen Teilen aufgeteilt in "Esel","Pferde","Kamele". Alle gehen/laufen durcheinander. Auf den Ruf "Pferde" müssen alle "Pferde" in die Bankposition. "Esel" und "Kamele" dürfen - sehr vorsichtig - darauf "reiten".

Kl. 3/4 — 2.6 Platzsuchspiele/Platzwechselspiele

Komm mit - lauf weg

Ein Schüler läuft um die Gruppen herum. Ruft er hinter einer der sitzenden Gruppen **"Komm mit"**, muß ihm die ganze Gruppe folgen. Beim Ruf **"Lauf weg"** läuft die Gruppe in die entgegengesetzte Richtung.
Wer zuletzt auf der Matte ankommt, muß weiterlaufen und darf eine andere Gruppe zum Mitkommen/Weglaufen auffordern.
Es empfiehlt sich, zu Beginn nur die Version "Komm mit" zu spielen!
Unterschiedliche Fortbewegungsarten sind möglich.

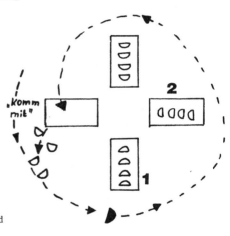

Sprung in den freien Reifen

Nur ein Reifen im Kreis ist noch nicht besetzt. Ein Schüler versucht, im Innern des Kreises stehend, in diesen freien Reifen zu "springen". Durch Verschieben versuchen die anderen Schüler dies zu verhindern. Gelingt es ihm, in den Reifen zu gelangen, darf er bleiben.

Mir ist sooooooooo schlecht!!

Wir lassen die Klasse auf "fünf" abzählen. Alle laufen durcheinander. Auf den Ruf des Lehrers "drei" zeigen alle "Dreier" Zeichen des Schmerzes, greifen sich an den Bauch, stöhnen laut und drohen umzufallen. Alle "Einser","Zweier","Vierer" und "Fünfer" eilen herbei und...
* stützen die "Kranken"...
* heben sie hoch...
* tragen sie auf eine Matte...

Wechselt das Haus

Im Raum verteilt liegen Reifen. Einer weniger als Mitspieler vorhanden sind.
Die Reifen sind besetzt. Der freie Spieler ruft "Wechselt das Haus". Alle müssen nun den Reifen verlassen und sich einen neuen suchen. Der übriggebliebene Spieler darf das neue Kommando geben.

Varianten:
* immer zwei Schüler besetzen das "Haus",
* wir verändern die Ausgangsstellung,
* wir verändern die Fortbewegungsart,
* alle laufen um die "Häuser" herum. Auf ein Zeichen des Lehrers suchen sie sich eines.

Raum für eigene Eintragungen:

Kl. 1/2 — 2.7 Fangspiele

Fuchs, wieviel Uhr ist es?

In einem begrenzten Raum schleicht sich ein "Fuchs" durch die Schar der "Gänse". Sie fragen ihn immer wieder: "Fuchs, wieviel Uhr ist es?" Er gibt die unterschiedlichsten Antworten; sagt er aber "Frühstückszeit", dann hat er zwölf Stunden Zeit (der Lehrer klatscht langsam zwölfmal in die Hände), die Gänse zu fangen. Gefangene (durch den Fuchs berührte) Gänse begeben sich zum Lehrer.
Wir wollen zählen, wieviel dieser Fuchs erwischt hat!

Nixe, wie tief ist das Wasser?

Die Schüler stehen hinter einer Linie und fragen die "Nixe" (Fänger): "Nixe, wie tief ist das Wasser?" Antwort der Nixe: "10 Meter!" Frage: "Wie kommen wir hinüber?" Antwort der Nixe: "Wir hüpfen auf einem Bein!"
Die Nixe muß nun versuchen, selbst auch auf einem Bein hüpfend, möglichst viele Schüler abzuschlagen bevor diese das rettende "Ufer" erreicht haben.

* Alle Gefangenen werden zu Nixen und müssen beim nächsten Durchgang mithelfen, die anderen zu fangen, bis niemand mehr übrigbleibt.
* Für jeden Durchgang wird eine neue Nixe bestimmt.
* Mit etwas Phantasie kann die jeweilige Nixe die Fortbewegungsart variieren.
* Immer zwei Nixen halten sich an der Hand und fangen gemeinsam.
* Matten stellen Inseln dar, auf denen man sich in Sicherheit bringen kann.

Linienfangen

Laufwege sind die Linien in der Sporthalle, auf
denen sich sowohl die 2/3/4 gekennzeichneten
Fänger als auch die zu fangenden Mitspieler bewegen dürfen. Wer gefangen wird, tauscht mit dem
Fänger dessen Kennzeichen (Band, Mütze..) und wird
neuer Fänger.

Bärenhöhle

Auf einer Matte in der Mitte der Halle sitzt
der "Bär". Die Schüler foppen ihn so lange, bis
er seine Höhle verläßt und sie zu fangen versucht. Erreichen sie ein Freimal, sind sie
gerettet.
* Gefangene Schüler müssen mit in die Höhle.
* Ein gefangener Schüler löst den "Bär" in
  seiner Höhle ab.

Kl. 3/4 2.8 Fangspiele

Für diese Altersstufe gibt es eine Reihe äußerst reizvoller und auch
sehr anspruchsvoller Fangspiele, die, was die motorischen Anforderungen betrifft, einen hohen Komplexitätsgrad aufweisen. Die meisten
Kinder sind in der Lage, Mehrfachhandlungen vorzunehmen, ihre Aufmerk-
samkeit zu teilen und komplizierte Aufgabenstellungen zu bewältigen.

Kreisfangen

Etwa 10 Schüler bilden mit Handfassung einen Kreis.
Der Fänger steht außerhalb des Kreises. Ihm wird
auf der Gegenseite ein Schüler (X) gezeigt,
den er fangen soll. Dabei darf er sich aber nur
außerhalb des Kreises nach rechts oder links
bewegen. Der ganze Kreis bewegt sich mit und
versucht, einen Erfolg des Fängers zu verhindern.

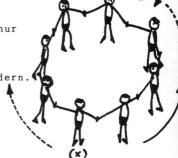

Verzaubern / Versteinern (Steh Bock – Lauf Bock)

Etwa $1/5$ der Schüler sind durch Mützen oder Bänder gekennzeichnete Fänger. Schüler, die von einem der Fänger abgeschlagen werden, sind "verzaubert". Sie werden zu einer Brücke (hoher Liegestütz), die wieder "entzaubert" werden kann, wenn ein freier Schüler unter ihr durchkriecht. Gelingt es den Fängern, alle zu "verzaubern"?

Fische fangen

In der Mitte des Raumes liegt eine Matte. Ein Fängerpaar, das sich an der Hand hält, versucht einen Schüler zu fangen. Gelingt dies, muß der "Fang" auf die Matte getragen werden. Befinden sich zwei Schüler auf der Matte, so werden diese ein neues, zusätzliches, Fängerpaar. Wer bleibt als letzter "Fisch" übrig?

Kettenfangen – Rette sich, wer kann!

Ein Spiel, bei dem man als Spielleiter zunächst etwas rechnen muß. Ausgehend von einer Sportgruppe mit 23 Schülern bestimmen wir 3 Fänger, die deutlich gekennzeichnet werden. An vier Hallenseiten, etwa in 1 m Abstand zur Wand, werden 4 Kleinkästen/Kastendeckel aufgestellt.
Die Fänger beginnen zu fangen. Hat ein Fänger ein Kind abgeschlagen, fassen sie sich an der Hand und fangen gemeinsam weiter. Die Gruppe, die als erste zu einer Kette von 5 Kindern angewachsen ist, ruft laut "Rette sich, wer kann". Alle Gruppen lösen sich auf, jeder versucht, sich auf ein Kästchen zu retten, das aber nur von fünf Kindern besetzt werden darf. Drei bleiben übrig, sie sind die neuen Fänger.

PHASE I

PHASE II

Tag – Nacht / Schwarz – Weiß

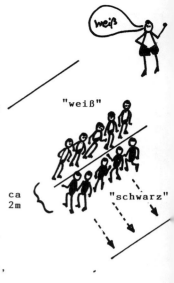

In etwa 1-2 m Abstand stehen sich die beiden Gruppen "Schwarz" und "Weiß" gegenüber. Ruft der Lehrer "weiß", wird Mannschaft "Weiß" zur Fängerpartei. Mannschaft "Schwarz" läuft davon und bringt sich hinter einer Linie in Sicherheit. Wer vor dieser Linie erwischt wird, ist gefangen und wird damit Mitglied der "weißen" Mannschaft.

* Veränderung der Ausgangsstellung
* Veränderung der Fortbewegungsart
* Veränderung des Startimpulses. Der Lehrer wirft eine Pappscheibe hoch, die auf der einen Seite weiß, auf der anderen schwarz bemalt ist. Fällt die schwarze Seite nach oben, wird Mannschaft "Schwarz" zur Fängerpartei.

Raum für eigene Eintragungen:

Kl. 1/2 — 2.9 Kraft- und Gewandtheitsspiele

Ringender Kreis

Drei oder vier Schüler bilden mit Handfassung einen Kreis. In der Kreismitte liegt ein Reifen. Durch Ziehen und Schieben versuchen die Schüler zu erreichen, daß einer der Mitspieler den Kreis betritt.

* Statt eines Reifens werden 3 Keulen aufgestellt. Die Schüler versuchen zu erreichen, daß einer der Mitspieler eine Keule umwirft.

* Die Schüler befinden sich in einem Kreis und versuchen, durch Ziehen, Schieben und Drängen sich gegenseitig aus dem Kreis zu befördern.

Einfache Zieh-"Kämpfe"

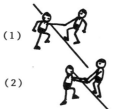

Zwei Schüler stehen sich, getrennt durch eine Linie, gegenüber. Sie versuchen, sich gegenseitig über diese Linie zu ziehen.
* Sie fassen sich mit einer Hand. (1)
* Sie fassen sich mit beiden Händen. (2)
* Jeweils ein Partner darf mithelfen. (3)

Gleichgewichtsspiele

Zwei Schüler stehen sich auf einer Linie gegenüber, jeweils ein Fuß genau hinter dem andern. Mit der rechten Hand versuchen sie nun, sich gegenseitig aus dem Gleichgewicht zu bringen.

Zwei Schüler hocken sich gegenüber. Beide Handflächen sind nach vorne gerichtet. Hinundherhüpfend versuchen sie, sich gegenseitig aus dem Gleichgewicht zu bringen. Wer bleibt in der Hocke?

| Henne und Habicht |

3/4/5 Schüler stehen hintereinander und halten
sich mit beiden Händen an der Hüfte des Vorder-
manns fest. Der erste Schüler der Gruppe ist die
"Henne", die ihre "Küken" vor einem "Habicht"
schützt, der das letzte "Küken" fangen will.
Gelingt dies, dann wird
das gefangene "Küken" zum "Habicht",
der "Habicht" zur "Henne",
die "Henne" zu einem der "Küken".

Raum für eigene Eintragungen:

Kl. 3/4 — 2.10 Kraft- und Gewandtheitsspiele

Eins-gegen-Eins-Spiele

Bei diesen Spielen geht es darum, daß zwei - möglichst gleichstarke - Schüler ihre Kräfte messen.

* Zwei Schüler sitzen sich im Schwebesitz gegenüber und versuchen, sich durch Drücken mit den Fußsohlen aus dem Gleichgewicht zu bringen. Wer auf dem Rücken liegt oder mit den Füßen den Boden berührt, hat verloren.

* Beide Schüler im Schwebesitz; die Hände sind aufgestützt. Ein Schüler hat die Beine gegrätscht und versucht die Beine seines Partners zu "fangen", die dieser auf und ab bewegt.

* Beide Schüler sitzen Rücken an Rücken, haben die Beine gegrätscht und die Arme eingehakt. Nun versuchen sie, sich gegenseitig nach rechts auf die Seite zu legen.

* Wer berührt die Schultern des anderen?

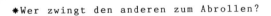

* Wer berührt die Oberschenkel des anderen?

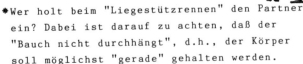

* Wer zwingt den anderen zum Abrollen?

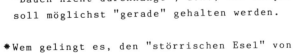

* Wer holt beim "Liegestützrennen" den Partner ein? Dabei ist darauf zu achten, daß der "Bauch nicht durchhängt", d.h., der Körper soll möglichst "gerade" gehalten werden.

* Wem gelingt es, den "störrischen Esel" von der Stelle zu bewegen?

  Von vorne, von hinten und von den Seiten?

Hüpfender Kreis

Etwa zehn Schüler bilden - ohne Handfassung - einen Kreis. Ein Schüler steht in der Kreismitte und läßt ein Seil kreisen, das an seinem Ende durch einen Turnschuh/ein Sandsäckchen o.ä. beschwert ist. Die Schüler müssen hochhüpfen, damit das Seil kreisen kann und nicht hängenbleibt.

Formen des Tauziehens

"Klassische Form": Zwei zahlen- und möglichst auch kräftemäßig gleichstarke Gruppen stehen sich gegenüber und halten ein in der Mitte durch ein Bändel markiertes Tau. Auf ein Zeichen des Lehrers beginnt das Ziehen. Sieger ist die Gruppe, der es gelingt, die Markierung in der Mitte des Taus über eine zuvor festgelegte Spielfeldmarkierung zu ziehen.

Variationen:
* das Tau liegt auf dem Boden,
* die Schüler starten aus verschiedenen Ausgangspositionen. Sie liegen auf dem Bauch/ dem Rücken neben dem Tau oder hinter einer Startlinie.

"Kreistauziehen". Das Tau ist zu einem Kreis geknotet.
* Im Taukreis liegen einige Reifen. Durch Ziehen und Schieben versuchen die Schüler sich gegenseitig dazu zu bringen, in einen Reifen zu treten.

* Vier Gruppen sind um den Taukreis verteilt. Jede Gruppe versucht, ein Hütchen zu erreichen, das in etwa 3 m Abstand hinter der Gruppe aufgestellt ist.

Kl. 1/2 — 2.11 Spiele zur Schulung der Sinne

In diesem Kapitel sollen "Spiele" aufgezeigt werden, die ganz bewußt das Sehen, Hören und Fühlen fordern. Weniger der Wettkampf oder der Vergleich stehen im Vordergrund, Konzentration und Sorgfalt sind gefordert.

Turnschuhrauben

Die Schüler sitzen im Kreis, Rücken zur Kreismitte, die Augen geschlossen. Jeder hat hinter sich einen seiner Turnschuhe liegen. Im Kreis bewegt sich ein "Dieb", der, vorsichtig sich anschleichend, einen der Schuhe rauben will. Gelingt es ihm, unbemerkt einen Schuh zu rauben? Hört ein Schüler wie der Dieb näherkommt, braucht er nur die Hand hochzuheben; der Dieb muß dann unverrichteter Dinge wieder abziehen.

Schätze bewachen

Einem Schüler sind die Augen verbunden. Um ihn herum liegen einige Bälle, die er bewachen muß. Aus gehöriger Entfernung schleichen sich die "Diebe" an. Hört der den Schatz bewachende Schüler ein Geräusch und zeigt die genaue Richtung an, so muß der ertappte Schüler wieder an den Ausgangspunkt zurück. Wer als erster unbemerkt einen der Bälle berührt, wird neuer Bewacher.

Bälle zählen

In einem umgedrehten Kastendeckel liegen zahlreiche unterschiedliche Bälle und Kleingeräte. Mit verbundenen Augen sollen die Schüler den Inhalt zählen.
* blind sollen sie bestimmte Bälle/Geräte finden.

Richtungshören

Die Schüler sind im Raum verteilt und haben die Augen geschlossen. Leise bewegt sich der Lehrer oder ein Schüler durch den Raum. Die Schüler drehen sich mit und zeigen auf die Geräuschquelle.
* an unterschiedlichen Stellen im Raum schlägt der Lehrer leise die Triangel. Die Schüler zeigen auf die Geräuschquelle.

Tiere finden sich

Immer zwei Schüler bekommen ein gleiches Kärtchen mit einem Tiersymbol. Alle verteilen sich in der Halle, schließen die Augen und versuchen die Stimmen der Tiere nachzuahmen. Auf allen vieren sich vorsichtig fortbewegend sollen sich die Tierpaare finden.

Wer fängt den Ball?

Ein Schüler hat einen Ball, den er senkrecht hochwirft. Mit dem Hochwerfen ruft er laut den Namen eines Mitschülers. Dieser soll den Ball fangen, bevor er auf den Boden fällt. Gelingt ihm dieses, darf **er** den Ball hochwerfen und einen neuen Namen rufen.

Raum für eigene Eintragungen:

Kl. 3/4 — 2.12 Spiele zur Schulung der Sinne

Spiele unter Ausschaltung des Sehens

Ein "Blindenführer" (A) führt einen "Blinden" (B) durch die Halle

* Zwischen A und B ist ein Gymnastikreifen eingeklemmt. Die Hände sollen dabei nicht benützt werden. Der Reifen darf nicht auf den Boden fallen. Beide Möglichkeiten ausprobieren: Entweder ist A vor oder hinter B.

* B läuft in einem Reifen, an dem er sich festhält und der von A durch die Halle gelenkt wird. A verändert Tempo und Richtung, B muß die Impulse über den Kontakt mit dem Reifen erspüren.

* B darf jetzt die Augen öffnen, läuft in einem Reifen, den er nicht berühren darf und der von A waagerecht gehalten wird. A verändert dosiert Tempo und Richtung.

* A geht hinter B und führt diesen nur über Berührungen mit der Hand. Damit regelt er Tempo und Richtung. Zuvor muß geregelt werden, welchen Berührungen an welcher Stelle des Rückens welche Bedeutung zukommt bezüglich
  schnell - langsam,
  rechts - links,
  starten - stoppen,
  vorwärts - rückwärts.

* Der "Blindenführer" bleibt an der gleichen Stelle stehen und lenkt seinen "Blinden" nur über akustische Signale. Problem: Störgeräusche, wenn mehrere Paare gleichzeitig tätig werden. Die verschiedenen Stimmen müssen eindeutig unterscheidbar sein.

Die Teppichfliese wiederfinden

Gleichmäßig im Raum verteilt liegen Teppichfliesen, die von je einem Schüler besetzt sind. Alle Schüler schließen die Augen...
* auf allen vieren kriechend versuchen die Schüler eine andere Fliese zu finden,
* wir bewegen uns einige Schritte von der Teppichfliese weg, drehen um und versuchen unsere Fliese wiederzufinden,
* alle stehen an der Hallenwand. Blind versuchen wir, unsere Fliese zu finden,
* wir umrunden blind unsere Fliese und versuchen sie wiederzufinden.

Blinde Brückenwächter

Eine Gruppe Schüler sperrt eine "Brücke". Mit geschlossenen Augen stehen sie quer durch die Hallenmitte mit etwa $^1/_2$ m Abstand nebeneinander. Eine zweite Gruppe soll nun, ohne erwischt zu werden, über diese Brücke gelangen. Hören die "Brückenspieler" Geräusche, so versuchen sie, ohne ihren Platz zu verlassen, die Verursacher zu berühren, die nun wieder von vorne beginnen müssen. Wer kommt über die Brücke?

Raum für eigene Eintragungen:

Kl. 1/2/3/4 | 2.13 Spiele ohne „Tränen"

Viele der aufgezeigten Spiele leben vom Wettbewerb und Vergleich. Damit verbunden sind oft herbe Enttäuschungen für diejenigen Schüler, denen die Gunst des Siegen-dürfens versagt bleibt. Eine ganze Reihe von Spielen kann gespielt werden, ohne daß dabei Sieger oder Verlierer festgestellt werden müsssen.

Zahnräder drehen sich

Um einen großen Kreis herum drehen sich, wie Zahnräder, mehrere kleine Kreise. Dabei berühren sich die Schüler jeweils Rücken an Rücken.

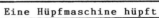

Eine Hüpfmaschine hüpft

Die Schüler bilden einen engen Kreis; die linke Schulter zeigt zur Kreismitte. Alle legen die linke Hand auf die Schulter des Vordermannes, mit der rechten Hand wird dessen Bein im Knöchelbereich festgehalten. Der ganze Kreis bewegt sich hüpfenderweise...

Wir lösen den Knoten

Etwa 10 Schüler bilden mit Handfassung einen Kreis. Ein weiterer Spieler steht abseits und schließt die Augen. Die Kreisspieler sollen nun, ohne die Handfassung zu lösen, kreuz und quer durcheinandergehen, sich übersteigen und unterkriechen. Der freie Spieler hat nun die Aufgabe, das durcheinandergeratene Knäuel wieder zu lösen.

Eine "MUMIE" wird transportiert

Die Schüler liegen "im Reißverschluß-system" dicht nebeneinander. Ihre Arme haben sie nach oben gestreckt. Auf die gestreckten Arme legt sich rücklings ein leichgewichtiger Schüler, der sich ganz steif macht und der auf den gestreckten Armen vorsichtig weitertransportiert wird. Schüler, die von der "Mumie" passiert wurden, legen sich vorne wieder an, so daß die Kette nicht abreißt und der Weitertransport gesichert ist.

Wir "biegen" uns ein Denkmal

Die Schüler gehen paarweise zusammen. Einer der beiden wird der Künstler, der andere stellt das "Denkmal" dar. Der Künstler hat die Aufgabe, ein besonders originelles "Denkmal" zu gestalten.
* Alle Künstler gehen von einem "Denkmal" zum andern und verändern diese.
* Ein Künstler gestaltet aus 2/3 Mitschülern ein "Denkmal".

Gruppenbilder gestalten

Etwa 6-8 Schüler bilden eine Gruppe. Der Lehrer stellt die Aufgabe, als Gruppe gemeinsam etwas zu gestalten. Zum Beispiel:
* Bildet ein Dreieck.
* Bildet ein E.
* Bildet eine 8.
* Bildet ein Fahrzeug nach Wahl.

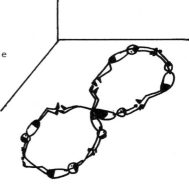

Kettenzug

Die Schüler stellen sich hintereinander auf. Jeder greift mit seiner <u>rechten</u> Hand <u>nach hinten durch die gegrätschten Beine</u> und faßt die linke Hand des Hintermannes. Der letzte Schüler legt sich nun auf den Boden und zieht dabei die anderen, die mit gegrätschten Beinen rückwärtslaufen, hinter sich her.
Wenn alle liegen, steht der letzte wieder auf...

Familie Maier geht in den Zoo

Auf zwei oder drei Bänken sitzen rittlings gleichgroße Schülergruppen. Jeweils der erste ist die Mutter Maier, der zweite ist Vater Maier... und so geht es weiter mit Oma und Opa Maier, Suse und Fritz, Fops dem Hund, der Katze Mia usw. Der Lehrer erzählt die Geschichte, wie Fam. Maier den Zoo besucht. Werden Namen genannt, dann umlaufen die genannten Personen oder Tiere ein Mal und setzen sich schnell wieder auf ihren Platz. Bei "Fam. Maier" müssen <u>alle</u> laufen.

Raum für eigene Eintragungen:

Kl. 1/2/3/4	**2.14 Staffeln — Spiele für alle in Klasse 1–4**

---

1. Grundform: Reihenstaffel
— und was man alles daran verändern kann —

  Beispiel 1   Wichtig: K l e i n e Gruppen
                                        (max. 5 Schüler)

Ein Spieler reicht einen Ball (Medizinball) über den Kopf nach hinten zum nächsten Spieler weiter. Der letzte Spieler in der Reihe nimmt den Ball auf, läuft mit ihm an das vordere Ende der Reihe und gibt von dort aus den Ball über den Kopf wieder nach hinten weiter... Sieger ist die Gruppe, deren Anfangsspieler als erster wieder mit dem Ball vor der Reihe steht.

Variationen:

* Den Ball durch die gegrätschten Beine nach hinten rollen.

* Den Ball durch die gegrätschten Beine weiterreichen.

* Den Ball im Wechsel (über den Kopf - durch die gegrätschten Beine) weiterreichen.

* Den Ball an der Seite vorbei weiterreichen (rechts-links im Wechsel).

* Im "Reißverschlußsystem" sitzen sich die Schüler gegenüber und reichen mit den Füßen einen Medizinball weiter. Der letzte nimmt ihn auf, läuft nach vorne...

✱ Beispiel 2   Wichtig: G R O S S E Gruppen
(max. 10 Schüler)

Die Spieler befinden sich im "Liegestütz". Der erste Spieler der Reihe rollt den Ball durch den "Tunnel" und legt sich vor die Reihe zu den anderen Spielern. Der letzte Spieler in der Reihe nimmt den Ball auf, läuft mit ihm zum "Tunneleingang", rollt den Ball erneut durch den "Tunnel" und legt sich....
Sieger ist die Gruppe, deren Anfangsspieler als erster wieder mit dem Ball am "Tunneleingang" steht.
Im Unterschied zum ersten Beispiel sind hier alle Spieler wesentlich aktiver am Geschehen beteiligt.

Variationen:

✱ Den Ball nicht tragen, sondern auf dem Rückweg dribbeln, prellen, mit der Hand rollen oder mit dem Fuß führen.

✱ Die Spieler sitzen mit angewinkelten Beinen, stützen die Hände auf und heben, wenn der Ball angerollt kommt, das Gesäß hoch (Liegestütz rücklings).

✱ Die Spieler sitzen sich im "Reißverschlußsystem im Wechsel gegenüber. Sie heben die gestreckten oder angewinkelten Beine hoch ("Schwebesitz"), um den Ball durchzulassen.

2. Grundform: Umkehrstaffel
— und was man alles daran verändern kann —

Wichtig: **K l e i n e** Gruppen (max. 5 Schüler)

STARTPUNKT	LAUFWEG	WENDEMARKE
✱Der Start = das Ziel muß klar definiert sein, sonst gibt es Streit: Wir starten von... ✦einer Matte aus. ✦einer Linie aus. ✦einer Bank aus. ✦...............	✱Es können "Hindernisse" eingebaut werden: ✦Slalomlaufen um Male. ✦Durchkriechen von Geräten. ✦Überspringen von Matten. ✦Überwinden von Hindernissen. ✦...............	✱Die Wendemarke kann......... ✦umlaufen werden (ein Mal, z.B. ein Hütchen). ✦überwunden werden (ein niedriger Kasten). ✦durchkrochen werden (ein Tunnel aus Hürden, Matten...).
✱Starten aus verschiedenen Ausgangsstellungen. Zum Beispiel aus... ✦dem Stehen (hintereinander). ✦dem Sitzen (hintereinander). ✦dem Liegen in Bauch- oder Rückenlagen, neben- oder hintereinander. ✦..................	✱Geräte können mitgenommen werden. Wir..... ✦rollen Reifen, Bälle. ✦tragen ein Sandsäckchen. ✦prellen einen Ball. ✦ziehen einen Partner, der auf einer Teppichfliese steht. ✦bewegen ein "Fahrzeug" (Rollwagen, auf dem ein Mitschüler sitzt).	✱An der Wendemarke kann....... ✦etwas abgelegt werden (Ball, Gerät), das der nächste Läufer holen muß. ✦etwas "erledigt" werden (ein Kleidungsstück wechseln, etwa bauen, Gegenstände austauschen...) ✦..................

Die Fortbewegungsart kann verändert werden. Alle...

- hüpfen mit geschlossenen Beinen.
- hüpfen auf einem Bein.
- laufen auf allen vieren (aber nicht zu weit)!
- laufen rückwärts.
- laufen im "Krebsgang".
- laufen paarweise mit Handfassung.
- ...

Raum für eigene Eintragungen:

3. Grundform: Pendelstaffel
— und was man alles daran verändern kann —

Bei der Pendelstaffel geht es darum, einen Gegenstand auf einer Laufstrecke hin und her (pendeln) zu transportieren. **Ein Durchgang ist absolviert**, wenn die sich gegenüberstehenden Gruppen die Plätze getauscht haben. Für die Kinder erscheint dies zunächst etwas unübersichtlich. Vor allem dann, wenn ein Sieger ermittelt werden soll.
STARTPUNKT, LAUFWEG, ABLÖSEVERFAHREN regeln sich in gleicher Weise wie bei der Umkehrstaffel (Siehe S.70)

Raum für eigene Eintragungen:

4. Grundform: Kreis-Lauf-Spiele

Schüler laufen einzeln oder in
Gruppen auf einer Kreisbahn (um
die ausgelegten Matten herum) zum
Startplatz zurück.
Empfehlung: 4 gleichgroße Gruppen
✱   auf 4 Matten zu je
       4-6 Schüler.
       **Gleiche Laufrichtung
       beibehalten!**

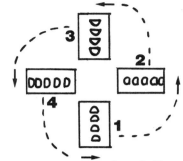

Auf ein Startzeichen laufen zwei Gruppen (1 und 2 oder 3 und 4) oder.....alle Gruppen gleichzeitig um den Mattenkreis und setzen sich wieder auf ihre Matte. Welche Gruppe sitzt als erste?

Die Schüler auf der Matte sitzen hintereinander. Von jeder Gruppe läuft zuerst der erste Schüler, dieser löst nach seiner Laufrunde den zweiten Schüler ab, dieser den dritten....bis alle wieder auf ihrem Platz sitzen.

Die Schüler auf den Matten sind durchnumeriert. Ruft der Lehrer "drei", laufen alle Schüler mit der Nr.3, bei "vierundzwanzig" laufen die Schüler mit der Nr.2 und der Nr.4, beim Ruf "vier mal acht" laufen alle Schüler mit den Nummern 3 und 2 (32).

Sonderform

✱ "Komm mit - lauf weg". Ein Schüler läuft um die Gruppen herum. Ruft er hinter einer der sitzenden Gruppen "Komm mit!", muß ihm die ganze Gruppe folgen. Beim Ruf "Lauf weg!" läuft die Gruppe in die entgegengesetzte Richtung. Wer zuletzt auf der Matte ankommt, muß weiterlaufen und darf eine andere Gruppe auffordern. (Siehe auch unter "Platzsuch- und Platzwechselspiele")

Sonderform

✱ "Schutzmannspiel", ein Spiel, das von Schülern der ersten beiden Schuljahre gerne gespielt wird.
Der Lehrer steht als "Verkehrsschutzmann" in der Kreismitte. Er zeigt an, welche Gruppen (Rechtsverkehr) ihre Plätze auf den Matten tauschen sollen.

✱ Fortbewegungsarten
✱ Ausgangspositionen
✱ Laufwege
✱ Gruppenaufgaben (ein Mitschüler muß getragen werden)

➡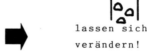
lassen sich verändern!

Raum für eigene Eintragungen:

2.15 Wie man die Ablösung bei Staffeln organisiert

Oft gibt es bei der Staffelablösung unnötigen Ärger, weil sich einzelne Gruppen durch unklare Festlegung des Ablöseverfahrens im Nachteil sehen. Aus der Vielzahl von Möglichkeiten, die Ablösung möglichst gerecht und objektiv zu organisieren, sollen nachfolgend bewährte Verfahren aufgezeigt werden. Kleine Gruppen, häufige Wiederholungen und oft "drankommen" sind wichtige Kriterien.

▶ Wir machen zur Bedingung, daß der nächste Läufer mit **beiden** Beinen auf der Matte/hinter einer Linie steht und sich "abschlagen" läßt.

▶ Der nächste Läufer hält einen Arm um eine hohe Malstange, an der ein ankommender Läufer an der Seite vorbeilaufen muß. Erst bei Berührung der Hand oder nach Übergabe eines Gegenstands darf der nächste Läufer starten.

▶ Der ankommende Läufer muß die ganze Gruppe umlaufen und seinen Ball von hinten durch die gegrätschten Beine rollen. Der jeweils vorne stehende Läufer nimmt den Ball auf und startet...

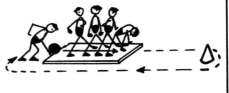

▶ Der ankommende Läufer muß durch die gegrätschten Beine des nächsten Läufers kriechen, der mit dem Rücken zur Laufrichtung steht. Erst dann darf dieser starten.

Die ganze Gruppe muß zunächst umlaufen werden. Der nächste Läufer wird von hinten "abgeschlagen" oder es wird ihm ein Gerät (Ball, Sandsäckchen, Hütchen..) übergeben.

Der ankommende Läufer muß erst die hochgehobene Matte unterkriechen, bevor der nächste Läufer starten darf. Die Gruppe muß sich über die Reihenfolge der Startenden einigen.

Der nächste Läufer muß auf der Matte zunächst die Kleider wechseln, bevor er starten darf. Eine Jacke könnte er sich im Laufen überziehen, eine Hose jedoch nicht!

Die Übergabe von Geräten wird so gestaltet, daß sie etwas länger dauert. Dies ist immer dann der Fall, wenn mehrere Geräte übergeben werden müssen (z.B. 3 Stäbe).

Der nächste Läufer darf erst dann starten, wenn er mit einem Würfel eine gerade/ungerade Zahl gewürfelt hat. Damit relativieren sich Leistungsunterschiede der Gruppen.

Raum für eigene Eintragungen:

3. Sportartbezogene Erfahrungen

3.1 Vorgaben des Bildungsplans für die Klassen 3–4

KLASSE 3 - SPORTARTBEZOGENE ERFAHRUNGEN
Ausgewählte Spiele werden zur Vorbereitung der Sportspiele erlernt. Einfache Grundfertigkeiten werden im Spiel geübt.

Spiele mit der Hand	
Kreishetzball	Mit 1 bis 3 "Hasen"
Tigerball	Mit kleinen Mannschaften auf begrenztem Spielfeld
Ball über die Schnur	In kleinen Gruppen, 1 mit 1, 2 mit 2,
Spiele mit dem Fuß	
Bälle durch das Tor	
Spiel- und Übungsformen zur Verbesserung der Grundfertigkeiten	
Werfen, Zielwerfen, Fangen	Ball vertreiben
Tore-Schießen	Hin und Her
Dribbeln	Bälle rauben
Einfache Spielbeobachtungsaufgaben übernehmen	

KLASSE 4 - SPORTARTBEZOGENE ERFAHRUNGEN
Über ausgewählte Spiele werden die Sportspiele Basketball, Fußball, Handball und Volleyball vorbereitet. Sportspielspezifische Fertigkeiten werden in Spiel- und Übungsformen verbessert.

Spiele mit der Hand	
Burgball	Mit Burgwächter
Kreishetzball als Parteiballspiel	Mit Überzahl: 4 gegen 2, 4:3 Auf ein Tor mit Überzahl: 4:2 oder 4:3
Kastentorball	Auf ein Tor mit Überzahl: 4:2 oder 4:3 Auf ein und zwei Tore mit Gleichzahl. Spiele mit kleinen Mannschaften

Ball über die Schnur
 	
Ball in den Korb
Spiele mit dem Fuß
  Spiele auf ein Tor
 	
  Spiele auf zwei Tore
Spiel- und Übungsformen zur Verbesserung der Grundfertigkeiten
  Werfen, Fangen
  Zuspielen, Annehmen
 	
  Tippen, Prellen
  Dribbeln
  Zielwurf, Zielschuß
Einfache Schiedsrichteraufgaben übernehmen
	Volleyspielen
	1 mit 1, 1 gegen 1, 2 mit 2, 2 gegen 2
	Bandgasse
	
	Mit Überzahl, mit und ohne Torwart, 2 gegen 1, 3 gegen 2
	Torwart und Schütze
	Spiele mit kleinen Mannschaften
	
	Wettwanderball
	In der Gasse, im Kreis, im Dreieck, im Stand und in der Bewegung, Blickverbindung aufnehmen
	Slalom, Schattenprellen
	Hindernisprellen
	Auf feste und bewegliche Ziele

Raum für eigene Eintragungen:

Sportartbezogene Erfahrungen

3.2 Entwicklung der Grundfertigkeiten

Wichtige <u>Grundfertigkeiten</u> im Umgang mit dem Ball sind u.a. das
<u>WERFEN, FANGEN, PRELLEN, DRIBBELN, ROLLEN, TRAGEN, ZIELE TREFFEN,
DEN BALL MIT DEM FUSS ANNEHMEN, FÜHREN UND SCHIESSEN.....</u>

W I C H T I G	W I C H T I G

Beim Fangen den Ball mit <u>beiden</u> Hände <u>weit vor dem Körper</u> annehmen und ihn dann "weich" zum Körper führen. (BAGUV, Heft 3, Sicherheit...)

Ein- oder beidhändig werfen lassen. Sollen bei Jägerballspielen Mitschüler abgetroffen werden, stets <u>Weichbälle</u> aus Schaumstoff verwenden.

Hoher Ball   Niedriger Ball

"Trichter"   "W"

W I C H T I G	W I C H T I G

Beim Dribbeln/Prellen den Ball nicht schlagen, sondern mit der offenen Hand <u>neben</u> dem Körper auf den <u>Boden</u> "drücken". Er soll nur <u>hüfthoch</u> springen.

Beim Dribbeln/Prellen und Führen des Balles mit dem Fuß sollen die Schüler nicht nur auf den Ball schauen! "<u>Augen weg vom Ball!!!</u>" Wir üben immer rechts und links!

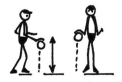

Kl. 1/2 — 3.2.1 Mit verschieden großen und unterschiedlich schweren Bällen umgehen können

DEN BALL ROLLEN

Den Ball wegrollen und ihm nachlaufen.
Den Ball so rollen, daß er immer mit der Hand (rechts/links) Kontakt hat.

Den Ball im Slalom um Hütchen, Stangen, durch die Beine der Mitschüler... rollen.

Den Ball in Kurven, auf Linien, vorwärts und rückwärts, mit...
*der rechten/linken Hand,
*dem rechten/linken Fuß
rollen.

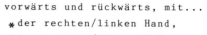

Den Ball von einer Seite zur anderen rollen und dabei durch ein Ziel (Hütchen...) treffen.

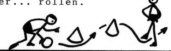

DEN BALL WERFEN / FANGEN

Den Ball beid-oder einhändig...

..hochwerfen, aufspringen lassen und ihn fangen.

..hochwerfen und fangen.

..an die Wand werfen, aufspringen lassen und ihn fangen.

..an die Wand werfen und ihn fangen.

..auf Ziele an der Wand werfen und ihn fangen.

..kräftig auf den Boden werfen, dem hochspringenden Ball nachlaufen und ihn fangen.

..über eine gespannte Leine werfen und ihn auf der anderen Seite wieder fangen.

..hochwerfen, eine zusätzliche Aufgabe erledigen (in die Hände klatschen, den Boden berühren, andern eine "Nase" zeigen...) und ihn fangen.,

DEN BALL PRELLEN/ DRIBBELN/FÜHREN

Den Ball fallen lassen und ihn fangen (mit beiden Händen, mit einer Hand)

Den Ball mit einer Hand im Stand prellen..
..hoch - tief,
..laut - leise,
..rechts - links...

Den Ball prellen und durch die Halle gehen...
..schnell - langsam gehen,
..auf Linien gehen,
..vorwärts, rückwärts,
..zusammen mit einem Partner, dem man wie ein "Schatten" folgt.

Den Ball mit dem Fuß fortbewegen...
..mit dem rechten, linken Fuß,
..auf den Hallenlinien,
..schnell, langsam,
..im Slalom um Hütchen, Mitschüler herum...

Mit etwas Phantasie lassen sich vielfältige Bewegungsaufgaben finden und auch durch die Schüler erfinden. Sportartspezifische Eigenheiten haben hier noch keinen Platz.

MIT DEM PARTNER WERFEN UND FANGEN

So zuwerfen, daß der Partner den Ball bequem und sicher fangen kann!

Sich den Ball zuwerfen....

..im Sitzen/Liegen/Stehen.

..über eine hohe Leine hinweg (Baustellenband).

..ein- oder beidhändig.

..durch einen Reifen hindurch.

..durch die gegrätschten Beine hindurch.

..rückwärts.

..indirekt über den Boden

IN GRUPPEN WERFEN UND FANGEN

Sich den Ball im Dreieck zuwerfen, ohne daß er auf den Boden fällt. Wie oft gelingt das?

Der Zuspieler **A** bleibt stehen, die anderen Spieler laufen, nachdem sie den Ball zu **A** zurückgeworfen haben, ans Ende der Reihe.

Der Zuspieler in der Mitte spielt seinen Mitspielern im Kreis den Ball zu. Sie fangen ihn und werfen ihn wieder zurück.

Ein Ball wandert im Kreis. Wenn die Schüler gut fangen und werfen können, versuchen wir es mit mehreren Bällen.

Raum für eigene Eintragungen:

ZIELSCHIESSEN MIT HAND UND FUSS

Wir üben und spielen an Stationen.

Eine Klasse (24 Schüler) wird in sechs Gruppen zu je 4 Schüler aufgeteilt. Jede Gruppe baut nach Anleitung (Arbeitskarte) eine Station auf und stellt die notwendigen Materialien zusammen. Die Gruppen beginnen auf ein Zeichen des Lehrers gemeinsam zu üben bzw. wechseln nach einiger Zeit die Stationen. Jeder Schüler hat einen Ball; an jeder Station liegt eine Arbeitskarte, aus der die Aufgabe zu ersehen ist.

Beispiele:

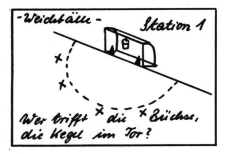

Station 1 — Weichbälle —
Wer trifft die Büchse, die Kegel im Tor?

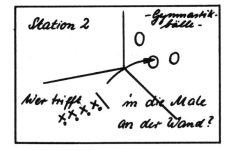

Station 2 — Gymnastikbälle —
Wer trifft in die Male an der Wand?

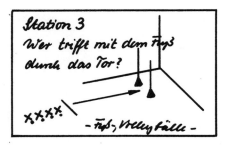

Station 3
Wer trifft mit dem Fuß durch das Tor?
— Fuß-, Volleybälle —

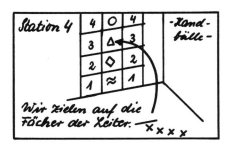

Station 4 — Handbälle —
Wir zielen auf die Fächer der Leiter.

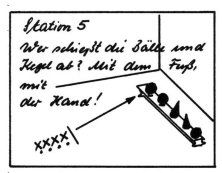

Station 5
Wer schießt die Bälle und Kegel ab? Mit dem Fuß, mit der Hand!

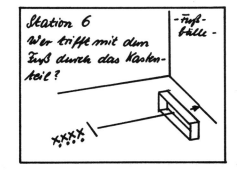

Station 6 — Fußbälle —
Wer trifft mit dem Fuß durch das Kastenteil?

Kl. 1/2 — 3.2.2 Die Grundfertigkeiten in einem Spiel awenden können

"BALL AUS DEM ECK"

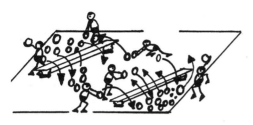

Lehrer/Schüler werfen aus den mit Bänken abgegrenzten Ecken Bälle in die Halle. Alle anderen Schüler sammeln die Bälle wieder ein und legen/werfen sie wieder in die Ecke zurück.

"HALTET DAS FELD FREI"

Das Spielfeld ist durch Bänke/ durch eine Linie in zwei Felder geteilt. In jedem der beiden Felder befinden sich gleichviel Spieler und Bälle. Alle werfen die Bälle ins gegenüberliegende Feld. Auf ein Zeichen des Lehrers hören die Spieler auf zu werfen und legen sich auf den Bauch/setzen sich auf den Boden. In welchem der beiden Felder liegen die wenigsten Bälle?

"ZIELBALLSPIEL"

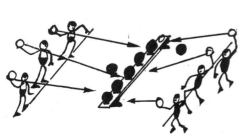

Von zwei Seiten werfen die Schüler mit Gymnastikbällen auf große Bälle (Medizin-, Basket-, Fußbälle), die in Tennisringen auf einer Bank in der Hallenmitte liegen. Welcher Seite gelingt es, die meisten Bälle abzuwerfen?

"KÖNIGSBALL"

Vier/fünf Spieler stehen in einer Reihe. Der "König" wirft dem ersten den Ball zu; dieser wirft wieder zurück und hockt sich hin; der "König" wirft dem zweiten... Der letzte Spieler nimmt den Ball, läuft an die Position des "Königs" und löst diesen ab. Alle stehen wieder auf; der bisherige "König" ist jetzt der erste Spieler in der Reihe.

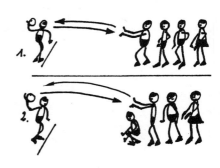

"BALL UNTER DER SCHNUR"

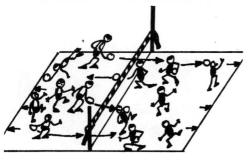

Das Feld ist durch ein Baustellenband quergeteilt. Von beiden Seiten rollen zwei gleichstarke "Mannschaften" 1/2/3/4 oder mehr Bälle unter der Leine durch und versuchen, die rückwärtige Wand zu treffen. Welche der beiden Mannschaften erzielt die meisten Treffer?

"SAUTREIBEN/BALL VERTREIBEN"

Von zwei Seiten wird mit Gymnastikbällen so auf einen leichten Medizinball geworfen, daß dieser über die "gegnerische" Linie rollt. Der Wurfabstand richtet sich nach dem Können der Schüler. Die Abwurfzonen lassen sich auch durch Bänke markieren.

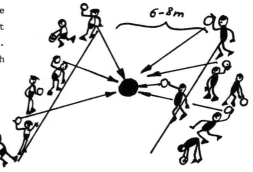

"KEULEN/HÜTCHEN ABKEGELN"

Die Klasse ist in Gruppen aufgeteilt (etwa 4/5 Schüler pro Gruppe), die von einer Matte aus versuchen, Kegel oder Hütchen umzukegeln. Dabei läuft jeder Schüler seinem eigenen Ball nach, holt ihn und beginnt von der Matte aus erneut auf die Kegel zu zielen. Welche Gruppe hat als erste ihre Kegel/Hütchen umgekegelt?

Raum für eigene Eintragungen:

Kl. 3/4

3.2.3 Mit verschieden großen und unterschiedlich schweren Bällen umgehen können

```
                    ✱ MIT DEM FUSS
SICH FORTBEWEGEN MIT DEM BALL.    MOTTO: "AUGEN WEG VOM BALL!"
                    ✱ MIT DER HAND
```

WENDE- ODER PENDELSTAFFELN

Bei Staffelspielen (siehe Staffeln) prellen/dribbeln die Kinder einen Ball oder bewegen ihn mit dem Fuß (auch um Hindernisse herum).

ALLE LAUFEN UND DRIBBELN

Die Schüler laufen in einem begrenzten Raum (z.B. im Volleyballfeld), dribbeln den Ball mit der Hand oder führen ihn mit dem Fuß und sollen mit einer freien Hand alles nachmachen, was ihnen der Lehrer vormacht.

A folgt seinem Partner B wie ein Schatten; er darf ihn nicht verlieren. Dabei können Fortbewegungsart, Tempo, Richtung....verändert werden, wir können Formen und Figuren laufen, uns nur auf den Linien bewegen...

SCHATTENDRIBBELN

Der Schüler B folgt dem Schüler A. Beide führen einen Ball mit sich. A zeigt hinter seinem Rücken mit der freien Hand Zahlen, die B laut nennen muß, ohne seinen Ball zu verlieren.

ZAHLEN ZEIGEN

ALLE BEGRÜSSEN SICH

Alle Schüler laufen durcheinander und begrüßen sich. Sie dürfen dabei ihren Ball nicht verlieren. Begrüßen kann man sich mit der re/li Hand, einem Fuß, mit dem Rücken. Man kann sich an der Hand halten und gemeinsam weiterlaufen, kann sich einhaken...

1/2/3.. Schüler haben einen alten Hut oder eine Mütze auf und sind damit als Fänger gekennzeichnet. Gelingt es ihnen, einen Mitspieler zu "fangen" (zu berühren), wird dieser neuer Fänger und entsprechend gekennzeichnet. Die Bälle sollen dabei möglichst nicht verlorengehen.

FANGSPIEL

VERZAUBERN / ENTZAUBERN

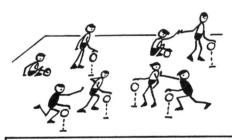

Alle dribbeln mit dem Ball. Etwa 5 "Zauberer" (gekennzeichnete Spieler) verwandeln durch Berühren die Mitspieler in "Steine". "Versteinert" bleiben sie stehen und warten, bis sie durch einen noch freien Spieler erlöst werden, indem er ihnen z.B. die Hand reicht.

Raum für eigene Eintragungen:

BÄLLE TAUSCHEN

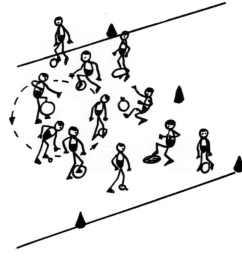

Jeder Schüler hat einen beliebigen Ball. Dies kann ein Tischtennis-, Tennis-, Hand-, Gymnastik-, Fuß-, Rugby-, Schaumstoffball oder leichter Medizinball oder gar ein Luftballon sein. In einem durch Hütchen begrenzten Raum bewegen sich Schülergruppen durcheinander und...

..tragen den Ball. Wenn sich zwei Schüler begegnen, tauschen sie die Bälle aus,

..bewegen ihren Ball mit dem Fuß durch den Raum und...

* tauschen auf ein Zeichen des Lehrers die Bälle aus...
* laufen eine "Acht", beschreiben kleine/große Kreise...

Raum für eigene Eintragungen:

SICH FORTBEWEGEN MIT DEM BALL – MIT STÖRUNG DURCH EINEN ODER MEHRERE GEGENSPIELER

WER HAT ANGST VOR DEM "RÄUBERKÖNIG"?

Die Spieler wechseln dribbelnd auf ein Zeichen des "Räuberkönigs" auf die Gegenseite.
Wieviel davon erwischt (berührt) er, bevor sie die rettende Linie erreichen?
Alle haben einen Ball.
Var.: Die Gefangenen fangen mit, dürfen sich aber nicht bewegen.
Var.: Unterschiedliche Arten der Fortbewegung und der Ballführung werden vom "Räuber" vorgegeben.

BRÜCKENWÄCHTER

Die Spieler (mit Ball) versuchen, dribbelnd an den Brückenwächtern (BW), die keinen Ball mit sich führen, vorbei auf die gegenüberliegende Seite zu kommen, ohne von diesen berührt zu werden.
Welcher der beiden Brückenwächter erwischt (berührt) die meisten?
Var.: Nach Überqueren der Brücke 1x in ein Ziel (Basketballkorb, Tor...) schießen.

WECHSELT DIE SEITE

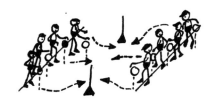

Beide Seiten versuchen gleichzeitig durch die Male hindurch auf die andere Seite zu kommen, ohne den Ball zu verlieren. Wer schafft das?

WER WIRD "DRIBBELKÖNIG"?

In einem kleinen Spielfeld versuchen die Schüler, sich gegenseitig die Bälle wegzuspielen. Rempeleien sind nicht erlaubt; es soll nur der Ball mit der Hand berührt werden.
Wer verliert seinen Ball überhaupt nicht?

ZUSPIELEN / FANGEN / EINEN BALL ANNEHMEN

Um einen Kreis herum verteilen sich die Spieler zweier Parteien (A und B) in gleichmäßigem Wechsel. In der Mitte des Kreises steht jeweils ein Spieler beider Parteien mit einem Ball und paßt nacheinander seinen Mitspielern im Uhrzeigersinn den Ball zu.
∗Welcher Ball holt den anderen ein?
∗Welcher Ball fällt nicht zu Boden?

BALLJAGD - mit der Hand

△ Spieler A
O Spieler B

TIGERBALL - mit der Hand

Die im Kreis lauernden beiden "Tiger" versuchen, den Ball, den sich die äußeren Spieler zuwerfen, abzufangen. Gelingt es einem von beiden, den Ball zu berühren, darf er nach außen. Der Spieler, der zuletzt geworfen hat, wird neuer "Tiger".

Je zwei Spieler haben einen Ball, den sie sich mit dem Fuß/mit der Hand zuspielen. Viele kleine "Tore" sind im Raum verteilt. Nacheinander sollen "Tore" erzielt werden, wobei ein "Tor" nur dann gilt, wenn der jeweils zugehörige Partner den Ball nach Passieren des Tores berührt hat.

TORBALL - mit Hand oder Fuß

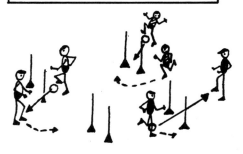

PASSEN UND LAUFEN - mit Hand oder Fuß

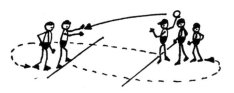

Zwei Gruppen "passen" sich über eine vorgegebene Distanz einen Ball zu. Wer den Ball abgespielt hat, stellt sich ans Ende der gegenüberstehenden Gruppe.
Wie oft gelingt dies, ohne daß der Ball auf den Boden fällt?

ZAHLENPASSEN - mit Hand oder Fuß

Eine Spielergruppe ist von 1-6 durchnumeriert und <u>spielt sich in dieser Reihenfolge</u> einen Ball zu! Wer den Ball abgespielt hat, muß um eine der vier Spielfeldecken laufen.

Regeln:
* Mit dem Ball in der Hand darf nicht gelaufen werden.
* Ich kann meinem Partner helfen, indem ich mich "anbiete".
* Der Ball soll nicht auf den Boden fallen. Bei mehreren Gruppen ist ein Vergleich möglich, wenn auf Zeit gespielt wird.

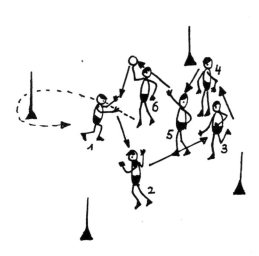

"ZEHNERFANG" - 4 gegen 4

Wir bilden Mannschaften zu je 4 Spielern. Immer zwei Mannschaften spielen gegeneinader. Jede der beiden Mannschaften versucht, sofern sie im Ballbesitz ist, sich den Ball so häufig wie möglich innerhalb der eigenen Gruppe zuzuspielen. Alle zählen laut mit! Welcher Mannschaft gelingen solche Zuspiele am häufigsten?
Erleichterung: Ein "neutraler" Spieler darf bei Bedarf von beiden Mannschaften angespielt werden.

Raum für eigene Eintragungen:

FANGEN / WERFEN / SCHIESSEN / TREFFEN

"HENNE UND HABICHTE"

K = "Küken"
H = "Henne"

Drei "Habichte" spielen sich so geschickt einen Weichball zu, daß sie ein "Küken", das sich hinter der "Henne" versteckt, abtreffen können. Alle können sich frei bewegen; die "Henne" darf die geworfenen Bälle abwehren.
Ablösung: Der Schütze wird zum "Küken", das "Küken" wird "Henne", diese wird zum "Habicht".

In einem Kreis mit etwa 5-6 m Durchmesser befinden sich mehrere Schüler, die sich hinter einem Kasten verstecken können. Sie sollen durch geschicktes Zuspiel und gezieltes Werfen von den außerhalb des Kreises stehenden Schülern abgetroffen werden. Der Schütze wechselt mit dem, der getroffen wurde.
Wichtig: Weichball verwenden; nur auf die Beine zielen!

KREISHETZBALL

JÄGER UND HASEN I

Fünf "Jäger" versuchen, mit einem Weichball fünf "Hasen" abzutreffen. Sie haben dazu 2 Min. Zeit. Wieviel Treffer können sie in der kurzen Zeit erzielen? Gültig sind nur Treffer an den Beinen und am Gesäß! Getroffene "Hasen" scheiden <u>nicht</u> aus!

JÄGER UND HASEN II

Fünf "Jäger" jagen mit einem Ball (Weichball) fünf "Hasen", die sich hinter fünf "Hecken" verstecken dürfen. Die "Hecken" sind frei beweglich und haben die Aufgabe, die "Hasen" zu schützen, indem sie geworfene Bälle abwehren. Der Aufgabenwechsel erfolgt nach einigen Minuten. Welche Gruppe erzielt die meisten Treffer?
Die Gruppen müssen eindeutig gekennzeichnet sein.

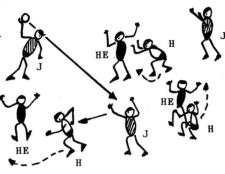

HE = "Hecke"   J = "Jäger"   H = "Hase"

Raum für eigene Eintragungen:

DEN BALL IN DER LUFT HALTEN KÖNNEN - mit Hand und Fuß

MIT..beiden Händen   ...einem Arm   ...beiden Armen   ...dem Knie/Fuß
     gleichzeitig

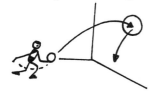   

Auf Ziele an der   ..einen Ball "köpfen",   ..einen Ball ba-
Wand werfen/schlagen.   ihn zurück"köpfen.   ..lancieren.

MIT Z W E I BÄLLEN gleichzeitig UMGEHEN KÖNNEN

Beide Bälle gleichzeitig
rollen / übernehmen,

...prellen und übergeben,

...zuwerfen und fangen,

..mit dem Fuß (im Wech-
  sel) zuspielen,

...einen Ball zuwerfen,
den anderen mit dem
Fuß zuspielen,

...einen Ball prellen,
den anderen mit
dem Fuß spielen.

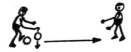

Wer findet selbst weitere Möglichkeiten!?

SICH FORTBEWEGEN MIT DEM BALL - ZUSPIELEN - ANNEHMEN - SCHIESSEN

Die aufgezeigten Beispiele stellen meist Spiele dar. An und mit ihnen lassen sich Grundfertigkeiten hervorragend erarbeiten und festigen. Die folgende ÜBUNGSFORM schult beispielhaft alles, was wir bislang erarbeitet haben.

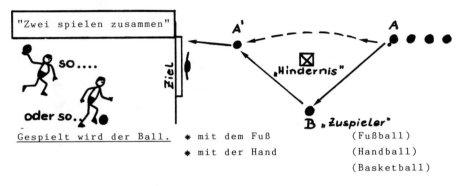

Gespielt wird der Ball.	* mit dem Fuß	(Fußball)
	* mit der Hand	(Handball)
		(Basketball)

Das Ziel kann sein.....	* eine Matte	(Hand oder Fuß)
	* ein Tor	(Hand oder Fuß)
	* ein "Korbballständer"	(Hand)
	* ein Kastenteil	(Hand oder Fuß)
	* ein Ziel an der Wand	(Hand oder Fuß)

Das "Hindernis" kann sein ....
* eine Malstange
* ein Hütchen
* ein Kleinkasten
* ein (passiver) Spieler

Wie funktioniert das?   Der **Spieler A** spielt zu **Spieler B**, läuft um das Hindernis herum, bekommt bei **A'** den Ball von **Spieler B** wieder zugespielt, nimmt ihn an und schießt auf das "Tor".

Diese Situation kommt bei Basketball, Fußball, Handball und vielen anderen Spielen gleichermaßen vor. Wir sollten sie, mit Hand und Fuß, auf hohe und niedrige Ziele spielend, rechtzeitig einüben.

3.3 Spiele mit der Hand

Spiele mit dem Fuß

Diese Spiele sollen helfen, bereits im Grundschulalter den späteren Umgang mit den Sportspielen
- ➤ Basketball (BB)
- ➤ Handball (HB)
- ➤ Fußball (FB)
- ➤ Volleyball (VB)

vorzubereiten. Sie beinhalten in der Regel die **GRUNDIDEE** des jeweiligen Zielspieles, erfahren jedoch eine **REDUKTION im Hinblick** auf

- Regelwerk ➤ vereinfacht
- Zählweise ➤ vereinfacht
- Spielfeld ➤ meist kleiner
- Mannschaftsstärke ➤ geringer/kleine Gruppen (3-4 Spieler)
- technische und taktische Anforderungen ➤ altersangemessen

Die Schüler lernen, einfache Schiedsrichteraufgaben wahrzunehmen!

LERNZIELE: Die Schüler sollen...

- ...Spielregeln verstehen und einhalten können.
- ...die Rolle erfassen, die man im Spiel innehat.
- ...sich im Spielfeld orientieren können.
- ...sich auf den Partner einstellen können.
- ...sich auf den "Gegner" einstellen können.
- ...Spiele selbständig organisieren können.
- ...Bälle gezielt zum Partner oder ins Ziel spielen können.
- ...gleichstarke Mannschaften bilden können.
- ...die Spielidee erfassen und umsetzen können.
- ...Spiele möglichst auch leiten können.

3.3.1 Wichtige Grundsätze für die Umsetzung der Spiel- und Übungsformen in die Praxis

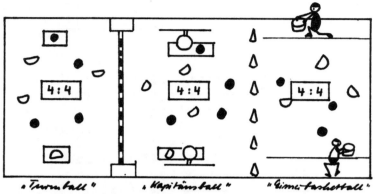

Möglichst <u>alle</u> Schüler sollten <u>gleichzeitig spielen oder üben können</u>! Es empfiehlt sich deshalb...
* <u>quer zur Halle</u> zu spielen / zu üben
  (z.B. in 3 oder mehr kleinen Feldern)
* <u>in kleinen Gruppen</u> zu spielen / zu üben
  (2-4 Schüler pro Gruppe)
* siehe Skizze

✱ *Intensivierung*

Differenzierung

<u>Die Mannschaften müssen homogen</u>, d.h. <u>gleich stark sein</u>, sofern es um gegenseitige Leistungsvergleiche geht. Daraus können sich pädagogisch wertvolle Ansätze ergeben:
* Wir können <u>differenzieren</u>. "Starke" spielen gegen "Starke", "Schwache" gegen "Schwache".
* Die Mannschaften sind gleichermaßen mit "starken" und "schwachen" Spielern besetzt. Dies bedeutet für die stärkeren Spieler die Übernahme besonderer Verpflichtungen. Sie sind z.B. verpflichtet, sich in ihren Aktionen etwas zurückzunehmen und den schwächeren Spielern gegenüber besonders fair und rücksichtsvoll zu sein.

Wer wird "Torwart"? Oft neigen Schüler dazu, schwächere Mitspieler ins "Tor" zu stellen und sie dann dort zu belassen. Die Regel, daß derjenige, der ein Tor oder einen Treffer erzielt hat, damit auch neuer "Torwart" wird, sorgt dafür, daß fast alle Schüler dieser Aufgabe nachkommen dürfen.

Der "Torwart"

Die "Mannschaften" müssen <u>deutlich gekennzeichnet</u> sein (verschiedenfarbene Leibchen, Bänder, lange und kurze Hosen...).

Kennzeichnung

Die <u>Abgrenzung der Spielfelder</u> kann durch ein in Kniehöhe (z.B. zwischen zwei Kleinkästen) gespanntes Baustellenband erfolgen oder durch ausgelegte Taue, Seilchen, Plastikstreifen oder Hütchen. <u>Keine</u> Bänke verwenden!

Spielfeld-grenzen

Das <u>Ziel (Tor, Korb, Zielfeld,...)</u> muß so dimensioniert sein, daß <u>zahlreiche Treffer</u> ermöglicht werden. Es darf aber keinesfalls jeder Versuch zum Erfolg führen. Wenn ein Spiel 9:8 endet, ist dies für alle Beteiligten, auch für die Schwachen, befriedigender als ein "mageres" 1:0 !

Das "Ziel"

Auch Schüler sollen <u>Spielbeobachtungsaufgaben</u> (z.B. das Zählen von Treffern) und in Einzelfällen auch <u>Schiedsrichteraufgaben</u> übernehmen. Dazu können auch Schüler eingesetzt werden, die momentan nicht aktiv am Sport teilnehmen können.

Schiedsrichter

Vorzeigen, vormachen

"Lernen durch Sehen"! Viele Worte kann man sich sparen durch...
...Lehrerdemonstration ("vormachen")
...Schülerdemonstration ("vorzeigen lassen")
Ganz besonders empfänglich für diese Art des motorischen Lernens sind die Grundschüler.

Korrekturen an der Technik der Ausführung einer Bewegung sollte man auf das Elementarste und Notwendigste beschränken. Sollten Korrekturen notwendig werden, dann immer nur <u>einen Fehler</u>, den "Hauptfehler" - und nicht alle Fehler auf einmal - korrigieren.

Korrekturen

Blamage

<u>Niemals</u> darf ein Schüler mit all seinen Fehlern und Schwächen <u>vor der Gruppe bloßgestellt werden</u>! Er wird sonst Vermeidungstendenzen entwickeln und den Sportunterricht meiden.
Besser: Selbst eine fehlerhafte Ausführung vormachen.
Noch besser: Die Bewegungsausführung <u>richtig</u> zeigen oder zeigen lassen.

<u>Über ein gemeinsam erlebtes Spiel kann/soll man auch gemeinsam sprechen!</u>
Mögliche Gesprächsinhalte können sein:
* Sinn der Regeln, Veränderungsmöglichkeiten, Verbesserungsmöglichkeiten, Neufassung von Regeln...
* Die Rolle der einzelnen Schüler bei den verschiedenen Spielen (Abwehr und Angriff, Werfer und Fänger..)...
* "taktisches" Verhalten....
* Rolle der Vereinsspieler und der Anfänger...
* Fouls, "faires" Spiel...
* Soziale Verhaltensweisen...

Gespräch über Sport und Spiel

Vier Bereiche müssen wir mit Regeln belegen:

Bewegen mit dem Ball
Hier wird festgelegt, wie sich der ballbesitzende Schüler fortbewegen darf. Zum Beispiel..
*.... darf er mit dem Ball nicht laufen,
*.... darf er mit dem Ball nur drei Schritte laufen, (großzügig sein!)
*.... darf der Ball nur mit <u>einer</u> Hand geprellt oder gedribbelt werden, darf nur gerollt werden...

Foulregel
Es muß festgelegt werden, was als "Foul" anzusehen ist und wie dieses "Foul" geahndet wird (z.B. darf der gefoulte Spieler von der Stelle aus, wo das "Foul" geschah, ungehindert den Ball weiterspielen).

Trefferregel
Hier wird festgelegt, wann ein Treffer erzielt ist (z.B. wenn der Ball eine Matte berührt hat, durch ein aufgestelltes Kastenteil gerollt ist ...) und es wird festgelegt, wo, wie und durch wen der Ball <u>nach</u> einem Treffer wieder ins Spiel gebracht wird.

Grenzregel
Die Spielfeldgrenzen müssen klar definiert sein. Sie müssen weit genug von einem Hindernis entfernt sein.

<u>Diese Vorgaben gelten gleichermaßen für fast alle Spiele.</u> Sie müssen allerdings an die jeweilige Spielsituation angepaßt werden.

<u>Der Umgang mit Regeln</u> ist nicht besonders schwierig. In der Schule müssen wir <u>eigene, dem Alter, Könnensstand und Spielverständnis</u> angepaßte Regeln des Zusammenspielens finden. <u>Das international gültige Regelwerk ist hier **n i c h t** bindend!</u>

* Was geregelt werden muß.

* Internationale Regeln?

<u>Das Einführen von Regeln...</u>
geschieht **sehr** dosiert!. Bei einem Spiel, das die Schüler noch nicht kennen, werden <u>nur die wichtigsten Regeln vorgegeben</u> (Bewegen mit dem Ball, Foulregel, Trefferregel, Grenzregel) ohne allzusehr ins Detail zu gehen.
<u>Situationen während des Spiels</u> können Anlaß für zusätzliche Regeln sein. Beispiel: Ein Schüler wirft, ohne den Ball abzuspielen, aus großer Entfernung auf das Tor.
Mögliche Folgeregel:
* ..drei Spieler müssen den Ball berührt haben, bevor auf das Tor geworfen werden darf;
* ..es darf erst ab der Mittellinie auf das Tor geworfen werden....

Bedenken Sie: Schüler sind durchaus in der Lage, <u>selbst Regeln zu finden oder dem Spiel anzupassen!</u>

※ Einführen von Regeln

Raum für eigene Eintragungen:

Kl. 3/4 — 3.3.2 Spiele mit der Hand

SPIELE, DIE "BASKETBALL" VORBEREITEN HELFEN

SCHÜSSELBASKETBALL

Zwei Mannschaften (3-4 Spieler) versuchen, einen großen Ball jeweils in ihren eigenen "Basketballkorb" zu treffen. Dieser "Korb" wird dargestellt durch einen Spieler der eigenen Mannschaft, der eine Schüssel oder einen Eimer hochhält. In einer schmalen Zone, die von den Feldspielern nicht betreten werden darf, kann sich der "Korb" ungehindert nach rechts und links bewegen, um so das Treffen der eigenen Mannschaft zu erleichtern. Gespielt wird in mehreren Feldern quer zur Halle.
Ein Treffer ist erzielt, wenn es gelingt, den Ball gegen die verteidigende Mannschaft in den vom Mitspieler gehaltenen "Korb" zu werfen.

TURMBALL

Zwei Mannschaften (3-4 Spieler) versuchen, den Ball jeweils ihrem eigenen "Turm" zuzuspielen. Der "Turm" ist dargestellt durch einen Mitspieler, der erhöht auf einem Kästchen steht. Eine Sicherheitszone (Kreis) um den "Turm" darf weder von der eigenen noch von der gegnerischen Mannschaft betreten werden. Punkte können dann erzielt werden, wenn es gelingt, den Ball dem eigenen "Turm" so zuzuspielen, daß ihn dieser, ohne vom Kästchen abzusteigen, fangen kann.

KAPITÄNSBALL

Unter dem Basketballkorb steht auf einem niedrigen Kasten (2- bis 3teilig) der "Kapitän", dem von der eigenen Mannschaft der Ball zugespielt wird. Von seiner erhöhten Wurfposition aus versucht er dann, in den Basketballkorb zu treffen. Er darf dabei vom "Gegner" nicht behindert werden! Wer dem "Kapitän" als letzter zugespielt hat, wird bei einem Korberfolg neuer "Kapitän".

BANDGASSEN - BASKETBALL

Zwischen zwei Basketballkörbe werden, längs der Halle, zwei Baustellenbänder gespannt. Sie bilden einen "Riesenkorb", in den wesentlich einfacher getroffen werden kann. Im Spiel quer zur Halle versuchen nun kleine Mannschaften (2:2/3:3) in den "Korb" zu treffen oder dies zu verhindern.
Eine wichtige Regel hilft, das Spiel etwas zu entzerren:
Immer dann, wenn..
... ein "Korb" erzielt wurde oder
... der Ball bei einem Wurfversuch die Bänder überquert hat,
muß er von einer der beiden Mannschaften an eine der Seitenwände gespielt werden. Erst dann darf wieder auf den "Korb" geworfen werden. Keine der beiden Mannschaften verteidigt dabei ein "eigenes" Feld. Beide Seiten unter dem "Korb" dürfen von allen Spielern betreten werden.

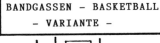

BANDGASSEN - BASKETBALL
- VARIANTE -

An manchen Hallen sind an den Längsseiten jeweils zwei Basketballkörbe angebracht. Verbindet man diese mit einem Baustellenband, ergibt sich in gleicher Weise ein "Riesenkorb", auf den mit kleinen Mannschaften, quer zur Halle gespielt werden kann. Dabei muß der Ball, um als Treffer zu zählen, von oben den Raum zwischen Baustellenband und Wand passieren. Im Unterschied zum vorherigen Spiel verteidigen die Mannschaften "ihren" Korb.

KORBBALL - BASKETBALL

Korbballständer, nahe an die Wand gestellt, ermöglichen leichter indirekte Treffer über die Wand und eignen sich als Ziele hervorragend, da sie wesentlich niedriger als die richtigen Basketballkörbe sind.

<u>Spielgerät</u>: Großer Gymnastikball, Filz-Fußball, Volleyball, Minibasketball. Original-Basketbälle bedürfen der Gewöhnung und sollten zunächst nicht eingesetzt werden.

<u>Spezielle Basketball-Regeln müssen nicht vorgegeben werden.</u> Es ist aber u.a. darauf zu achten, daß die Schüler...
* nicht mit dem Ball in der Hand laufen,
* erst <u>nach</u> dem Abspiel laufen,
* schnell abstoppen, wenn sie den Ball erhalten,
* "körperlos", d.h. ohne Fouls spielen,
* sich den Ball genau, möglichst in Brusthöhe, zuspielen,
* ...

<u>Was ist anders als gewohnt?</u>
- der Ball ist größer - am Schluß einer Aktion steht ein <u>weicher</u> Bogenwurf - nicht laufen mit dem Ball...

3.3.3 Spiele, die „Handball" vorbereiten helfen

Worauf man achten sollte:
- nicht mit dem Ball in der Hand laufen - genaues Zuspiel, möglichst in Brusthöhe - **vor** dem Zuspiel Blickverbindung aufnehmen - schnelles Zuspiel, um den "Verteidigern" zuvorzukommen" - erst dann auf das Ziel werfen, wenn ein Treffer möglich ist - möglichst nur auf die Beine zielen -

KREISHETZBALL MIT "VERTEIDIGERN"

In einem Kreis befinden sich zwei Spieler der Mannschaft **A**; zwei weitere Spieler sind außerhalb des Kreises postiert. Diese beiden bewegen sich entlang der Kreislinie. Sie dürfen ihre Mitspieler im Kreis "beschützen" und sollen möglichst alle Bälle abwehren, die von den Spielern der Mannschaft **B** auf die Spieler im Kreis geworfen werden.
Wie oft gelingt es der Mannschft **B** (z.B. innerhalb von zwei Minuten), die Spieler im Kreis zu treffen?
Getroffene Spieler scheiden nicht aus; es werden nur die Treffer gezählt.
Spielgerät: Schaumstoffball!

BURGBALL

In der Kreismitte steht ein Kästchen mit einem Medizinball. Außerhalb des Kreises spielen 3 Spieler der Mannschaft **A** gegen 2 Spieler der Mannschaft **B**. Der dritte Spieler der Mannschaft **B** "verteidigt" die Burg (Medizinball), die von Mannschaft **A** abgetroffen werden soll.
<u>Erleichternde Variante:</u>
Ziel ist ein Kastendeckel mit zwei Medizinbällen.

MATTENTORBALL 2:2

(Es werden, quer zur Halle, viele kleine Felder aufgebaut).

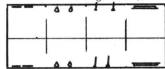

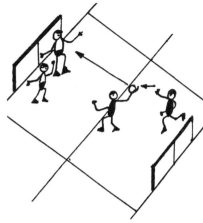

Immer zwei Spieler bilden eine Mannschaft, die ein "Tor" bewacht. Mannschaft A spielt sich den Ball zu und wirft <u>von der Mittellinie</u> aus auf das "Tor" von Mannschaft B. Mannschaft B spielt...

Wichtig: Zuspiel zum Partner **vor** dem Torwurf!
Torwurf von der Mittellinie aus!

<u>Tore können sein:</u> Umgedrehte Bänke, zwei an die Wand gelehnte Bodenturnmatten, Male, Hütchen...

KASTENTORBALL AUF ZWEI TORE UM ZWEI HALBKREISE

Zwei Mannschaften (A und B) spielen in einem kleinen Feld gegeneinander. Die Tore werden durch je ein aufgestelltes Kastenteil oder eine an die Wand gelehnte Turnmatte gebildet. Um das Tor herum ziehen wir einen Halbkreis, in dem sich nur der Torwart bewegen darf.

Sonderregel: <u>Der Torwart darf sein Tor verlassen</u> und mit seiner Mannschaft angreifen. Damit ergibt sich immer ein Vorteil für die angreifende Mannschaft (Überzahl).

Wir spielen 3:3 oder 4:4

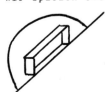

KASTENTORBALL AUF ZWEI TORE UM GANZE KREISE

Zwei Mannschaften (A und B) spielen in einem kleinen Feld gegeneinander. Ziel ist es, den Ball durch das gegnerische Tor (Kastenteil in einem Kreis) zu werfen und gleichzeitig das eigene Tor zu beschützen. Dabei dürfen die Kreise von niemandem betreten werden.
Spiel 3:3 oder 4:4
<u>Erleichternde Variante:</u>
Tor ist ein vierteiliger Kasten

MATTENTORBALL AUF ZWEI TORE UM ZWEI HALBKREISE

Zwei Mannschaften (A und B) spielen in einem kleinen Feld gegeneinander. Das Tor bildet eine Turnmatte, die gegen die Wand gelehnt ist.
Nur der Torwart darf sich im Halbkreis (Kreidestrich, Seile, Tau..) vor dem Tor aufhalten. Er darf seinen Torraum nicht verlassen.
Spiel 4:4, wobei jeweils einer der Spieler beider Mannschaften zum Torwart wird.

Raum für eigene Eintragungen:

3.3.4 Spiele, die „Volleyball" vorbereiten helfen

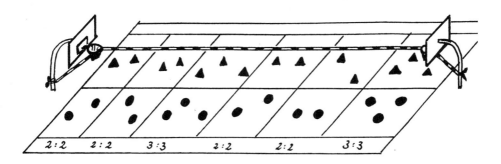

ORGANISATION

Längs der Halle wird von Tor zu Tor oder von Basketballkorb zu Basketballkorb ein Baustellenband gespannt. Das Band muß so hoch wie möglich angebracht werden. Die damit initiierte hohe Flugkurve des Balles erleichtert das Fangen, weil der Ball länger "unterwegs" ist.

Aus der Fülle der vorhandenen Hallenlinien oder neu angebrachter Feldmarkierungen (Hütchen, Taue, Seile, Plastikstreifen..) lassen sich zahlreiche kleine Spielfelder bilden, in denen **kleine Gruppen (1:1, 2:2 oder max. 3:3) mit- oder gegeneinander spielen.**

Die Spiele müssen so organisiert werden, daß **jeder Spieler** so oft wie möglich mit dem fliegenden Ball in Kontakt kommen kann.

MITEINANDER SPIELEN

Die Schüler werfen sich den Ball über die hohe Leine zu. Sie sollen laut mitzählen, wie oft der Ball über die Leine fliegt und gefangen werden kann, ohne daß er auf den Boden fällt!
Fangstelle = Abwurfstelle.
Ziel: <u>Werfen und Fangen mit beiden Händen vor der Stirn.</u>

GEGENEINANDER SPIELEN

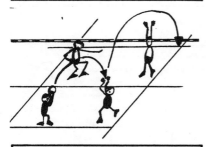

Die Schüler werfen sich den Ball über die hohe Leine so zu, daß ihn die gegenüberstehende Mannschaft innerhalb ihres Feldes möglichst nicht fangen kann.
Fangstelle = Abwurfstelle.
Ziel: Werfen und Fangen mit beiden Händen vor der Stirn!
Schnell spielen!

BALL ÜBER DIE SCHNUR MIT ZUSPIEL

Die Schüler werfen sich den Ball über die hohe Leine so zu, daß ihn die andere "Mannschaft" möglichst nicht fangen kann.
– Wer den Ball fängt, muß ihn "abgeben, d.h., er muß ihn dem eigenen Mitspieler zuwerfen. Dieser wirft dann über die Leine ins Gegenfeld.
Ziel: Schnelles Werfen und Fangen mit beiden Händen vor der Stirn und Zuspiel zum Partner.

BALL ÜBER DIE SCHNUR IN VARIATIONEN

mit Wasserball – Fußball – Volleyball – Tennisring – Indiaca – usw.

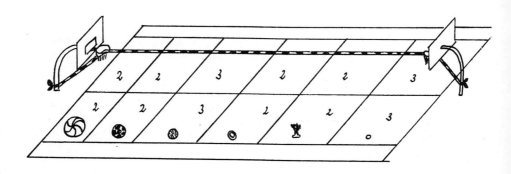

Worauf man achten sollte:

- kleine Gruppen - häufige Ballkontakte - den Ball mit beiden Händen **vor** der Stirn werfen und fangen - **der Daumen soll zur Stirn zeigen** - hohe Leine - gelegentlich Mitspieler und Gegner wechseln - kleine Felder - schnelles Zuspiel - nicht mit dem Ball laufen...

Was die Kinder lernen sollen:

- einen fliegenden Ball richtig berechnen können - rechtzeitig hinter und unter dem Ball sein - den Ball mit beiden Händen werfen und fangen können - schnell reagieren können - sich auf einen Mitspieler einstellen können - zusammen mit dem Mitspieler ein kleines Spielfeld "beherrschen" lernen - erkennen, wann ein Ball ins "Aus" fliegt....

Raum für eigene Eintragungen:

Kl. 3/4 — 3.3.5 Spiele mit dem Fuß

Spiele, die „Fußball" vorbereiten helfen

BÄLLE TAUSCHEN

Jeder Spieler bekommt einen Ball. Es kann dies ein Luftballon, Rugbyball, ein Hand-, Fuß-, Tennis-, Volley-, Soft-, Schlag-, Wasser- oder leichter Medizinball sein. Mit dem Fuß führen wir unseren Ball, ohne mit den anderen zusammenzustoßen, kreuz und quer durch das Volleyballfeld. Auf ein Zeichen...

* führen wir den Ball mit dem anderen Fuß,
* tauschen wir mit dem nächstbesten Mitspieler den Ball,
* bewegen wir uns, den Ball mit dem Fuß führend, entlang der Hallenmarkierungen, laufen im Kreis...

BALL UNTER DER SCHNUR
– ein Spiel für die Halle –

Die Halle ist der Länge nach durch ein in etwa 50 cm Höhe gespanntes Baustellenband geteilt.
Im Spiel sind viele Bälle, die von beiden Mannschaften mit dem Fuß unter der "Schnur" hindurch auf die andere Seite gespielt werden. Dabei soll eine "Sicherheitszone" zu beiden Seiten der "Schnur" nicht betreten werden.
Ziel ist es, die im Gegenfeld vor der Wand aufgestellten Hütchen zu treffen oder an eine umgekippte Bank zu schießen. Jeder der Spieler ist gleichzeitig "Torwart", "Angreifer" und "Verteidiger".

BÄLLE DURCH DAS TOR
- ruhender Ball -

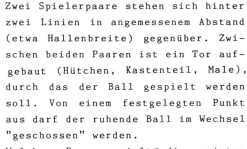

Zwei Spielerpaare stehen sich hinter zwei Linien in angemessenem Abstand (etwa Hallenbreite) gegenüber. Zwischen beiden Paaren ist ein Tor aufgebaut (Hütchen, Kastenteil, Male), durch das der Ball gespielt werden soll. Von einem festgelegten Punkt aus darf der ruhende Ball im Wechsel "geschossen" werden.
Welches Paar erzielt die meisten Treffer?

BÄLLE DURCH DIE TORE
- sich bewegender Ball -

In der Halle sind zahlreiche kleine Tore aufgebaut. Spielerpaare passen sich mit dem Fuß ihren Ball zu und versuchen, aus dem Laufen heraus durch die Tore zu treffen. Als Treffer wird gewertet, wenn der Ball durch ein Tor gespielt und auf der anderen Seite vom eigenen Partner angenommen werden kann.
Welches Paar trifft am häufigsten? Es darf dabei nicht 2x hintereinander auf das gleiche Tor gespielt werden.

TORBALL AUF BÄNKE (2:2)
– Torwart und Schütze –

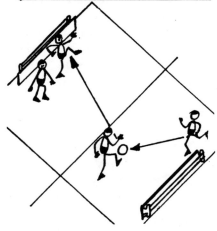

Wir spielen auf mehreren kleinen Spielfeldern quer zur Halle.
Immer zwei Spieler bilden eine Mannschaft, die ein "Tor" bewacht.
Mannschaft A spielt sich den Ball zu und schießt von der Mittellinie aus auf das "Tor" der Mannschaft B.
Mannschaft B spielt sich.....
Wichtig: Zuspiel zum Partner vor dem Torschuß!
  Mittellinie nicht übertreten.

Es soll **möglichst flach auf das Tor geschossen** werden. Als Tore eignen sich besonders die Sitzflächen umgekippter Bänke, Kastenteile, Kästchen, niedrig angebrachte Markierungen an der Wand...

ZAHLENPASSEN
– mit dem Fuß –

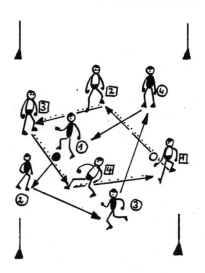

Eine Mannschaft besteht aus 4 oder 5 Spielern. Diese spielen sich einen Ball in einer zuvor genau festgelegten Reihenfolge zu: Spieler 1 spielt den Ball mit dem Fuß zu Spieler 2, 2 spielt zu 3, 3 spielt zu 4, 4 zu 5 und 5 spielt wieder zu Spieler 1...
In einem durch Malstangen begrenzten Feld können mehrere gut gekennzeichnete Mannschaften spielen.
Welcher Mannschaft gelingt dies besonders gut? Welche schafft in einer vorgegebenen Zeit die meisten Durchgänge?
Variante: Nach jedem Abspiel muß der Spieler eine der vier Ecken (Malstangen) umlaufen.

SPIEL AUF 1 TOR
– mit Überzahl und Torwart –

in der Halle
im Freien

Da einer der beteiligten Spieler den Torwart darstellt, ergibt sich ein Überzahlspiel (z.B. 3:2, 4:3).
Es ist denkbar, eine Zone zu markieren, von der aus auf das Tor geschossen werden darf. Damit sollen "Gewaltschüsse" aus der Distanz ausgeschlossen werden.
Mögliche Regeln:
* Eine Mannschaft greift 5x an, dann wechselt sie mit der verteidigenden Mannschaft.
* Nach jedem Torschußversuch muß von einem entfernten Punkt aus neu begonnen werden. Jede der beiden Mannschaften hat 10 Versuche.
* Nur der zuvor bestimmte Torwart darf den Ball mit den Händen berühren.

Spiel im Freien:
Hier darf um das Tor herumgespielt werden. Ein Tor zu erzielen, ist von beiden Seiten aus möglich.

SPIEL AUF ZWEI TORE

Es ist den Schülern ein großes Bedürfnis, so zu spielen wie die Erwachsenen. Möglichst häufige Ballkontakte setzen allerdings voraus, daß wir <u>kleine Mannschaften</u> bilden. Das Spiel 11:11, wie in den Sportvereinen, ist für Schüler der Grundschule ungeeignet. Bevorzugt spielen wir deshalb quer zur Halle oder zum Sportplatz auf kleinen Feldern mit kleinen Mannschaften.
* mit festem Torwart
* ohne Torwart

Worauf man achten sollte:

- kleine Gruppen - häufige Ballkontakte - den Ball mit <u>beiden</u> Füßen spielen, nicht nur mit dem "starken" Fuß - niedrige Ziele (Tore) anbieten, damit der Ball flach gespielt werden muß - für große Ziele (Tore) sorgen, damit Erfolge, auch für den schwachen Schüler, erzielt werden können.

<u>Braucht man Original-Fußbälle?</u>

Keineswegs. Grundsätzlich können **alle** Arten von Bällen verwendet werden (Medizinbälle und Tischtennisbälle ausgenommen). Es ist auch nicht nötig, die Bälle hart aufzupumpen; weiche Bälle spielen sich angenehmer.

Raum für eigene Eintragungen:

Kl. 3/4 3.3.6 Weitere Spiele

RINGHOCKEY

Zwei Mannschaften versuchen, mit Hilfe eines Gymnastikstabes, einen Moosgummiring, der flach auf dem Boden "geschlenzt" wird, in Tore zu befördern. In einiger Entfernung von der Wand flach auf den Boden gelegte Turnmatten stellen die Tore dar. Sie können umspielt werden, und es darf von allen Seiten auf das Tor geschossen werden.

Besonders wichtige Regeln:

(A)   (B)   (C)

-- Der Stab muß immer mit beiden Händen gefaßt werden (A)!
-- Wer den Ring unter Kontrolle hat, darf nicht angegriffen werden (B)!
-- Mit Stab **und** Ring darf man nicht laufen (C)!

HOCKEY MIT PLASTIKSCHLÄGERN

Ein ähnliches Spiel wie das o.g. Ringhockey. Ein Hockeyschläger aus Plastikmaterial ist das Spielgerät.

Vorsicht: Auch mit dem Schläger aus Plastik darf nicht unsachgemäß umgegangen werden.

Besonders wichtige Regeln:

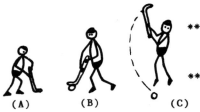
(A)   (B)   (C)

** Der Schläger muß immer <u>mit beiden Händen</u> gefaßt werden (A)!
** Der Schlägerkopf **muß** auf dem Boden schleifen / bzw. darf <u>nicht über Kniehöhe</u> angehoben werden (B)!
** <u>"Rundschläge" sind nicht erlaubt!</u> Damit kann man Golf spielen, aber kein Hockey (C)!

Spielgerät: Gummipuck oder ein sehr leichter, kleiner Plastikball.

SPINNENFUSSBALL

Ein Spiel, das sich für einen kleinen Raum und etwas größere Gruppen besonders eignet. Alle Spieler dürfen sich nur wie "Spinnen" auf allen vieren, Bauch nach oben, fortbewegen. Mit einem großen, leichten Ball sollen, gegen den Widerstand einer anderen Mannschaft, mit dem Fuß Tore erzielt werden.
Nur der Torwart darf den Ball mit der Hand berühren. Das Tor muß groß genug sein, um Erfolge zu ermöglichen.
Variante: Alle sind Torwart und Spieler zugleich. Der Ball darf dabei nicht mit der Hand berührt werden.

SPECKBRETT-TENNIS

Mögliche Spielgeräte:
* "Speckbrett", ein modifiziertes "Vesperbrett" aus Holz, größer, dicker und schwerer als ein Tischtennisschläger.
* Kinder-Tennisschläger (ein billiger und leichter Schläger mit verkürztem Griff).

Mögliche Bälle:
* Tennisbälle (abgespielte, aber für schulische Zwecke wirklich gut geeignete Bälle gibt jeder Tennisclub ab).
* Schaumstoff-Bälle in Tennisballgröße (fliegen langsamer, sind leichter beherrschbar, geräuscharm und tun nicht weh).

1. "Wandball"
   Die Schüler spielen den Ball so oft wie möglich gegen die Wand. Wie oft gelingt dies?
2. "Wandball" mit Partner
   Die Schüler spielen abwechselnd den Ball so oft wie möglich gegen die Wand. Wie oft gelingt dies?

3. "Hoch den Ball"

   Zwei Schüler spielen abwechselnd den Ball möglichst senkrecht in die Höhe. Dazwischen soll der Ball auf dem Boden aufspringen. Wie oft gelingt dies?

   Variante: Der Ball soll in einem auf dem Boden liegenden Reifen aufspringen.

4. "Leinentennis" - miteinander

   Über ein längs der Hallenmitte gespanntes Baustellenband (etwa 70 cm hoch) spielen sich zwei Schüler den Ball zu. Wie oft gelingt dies, ohne daß der Ball verloren geht?

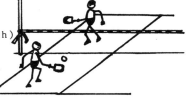

5. "Leinentennis" - gegeneinander

   Über ein längs der Hallenmitte gespanntes Baustellenband (siehe 4.) spielen zwei Schüler in einem kleinen Feld den Ball hin und her. Sie versuchen so zu spielen, daß es dem anderen nicht mehr gelingt, den Ball zu erreichen oder zu spielen (Spiel 1:1).

   1:1 oder 2:2
   1 mit 1 oder 2 mit 2

6. "Leinentennis" - gegeneinander

   Wie unter 5. Es spielen aber jeweils zwei Spieler gegeneinander (Spiel 2:2).

Anmerkung: Beim Umgang mit tennisschlägerähnlichen Geräten sind Hinweise zum Bewegungsablauf, zur Schlägerhaltung und zur Schlagtechnik unumgänglich. Überdauernde "Fehlhaltungen" können dadurch vermieden werden.

INDIACA

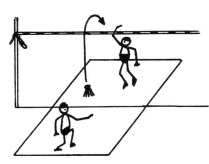

Das Indiaca wird mit der offenen Handfläche oder mit einem Plastikschläger über eine hohe Leine hin- und- hergeschlagen. Gespielt werden kann, wie bei den volleyball- und tennisähnlichen Rückschlagspielen mit- oder gegeneinander (1:1, 2:2).

III.
Geräteausstattung

Die Geräteausstattung von Sporthallen ist in den einzelnen Bundesländern durch Erlasse geregelt. In den "Ergänzungsrichtlinien Baden-Württemberg zur DIN 18 032 Teil 1 für den Bau von Turn- und Sporthallen" ist für dieses Bundesland genau vorgegeben, wie eine Sportstätte ausgestattet sein muß. Diese Ausstattung orientiert sich an den Belangen des normorientierten Sports. Den Lehrern an Grundschulen und ihren Schülern ist damit nicht immer gedient. Sie bedürfen zusätzlicher Geräte und Materialien, um kindgerecht arbeiten zu können. Über die Grundausstattung hinaus notwendige Geräte/Materialien für den Spielunterricht können sein:

Zeitungen	Schuhschachteln	Papprollen
Luftballons	Chiffontücher	Bettlaken
Zeichenkarton	Teppichfliesen	Wäscheklammern
Schaumstoffbälle in versch. Größen	Tennisbälle	Tischtennisbälle
Baustellenband	Handtücher	Sandsäckchen
Japan-Papierbälle	Schwungtuch	Fallschirm
Pedalos	Balancierkreisel	Rollwägelchen
Blechbüchsen	alte Hüte/Mützen	Stelzen
Plastik-Hockeyschläger	Badebälle	Markierungshütchen
Gummipuck	Würfel aus Schaumstoff	Speckbrettchen
Indiacabälle	Indiaca-Plastikschläger	Tennisschläger mit kurzem Griff
Federbälle	Federballschläger	Rohre aus Plastik
Schleuderhörner	Erdball	Riesenluftballon
Frisbee-Scheiben	Bierdeckel	Ringtennisringe
Plastikeimer	.....	.....

Bewußt ist auf eine Gliederung bei der Aufzählung möglicher ergänzender Spielgeräte und Materialien verzichtet worden. Phantasie ist angesagt bei Auswahl und Einsatz. Die Suche nach Neuem, Spektakulärem darf allerdings nicht zu oberflächlichem Gerätekonsum und kurzfristigem Amusement verleiten; außergewöhnliche Spielgeräte sollen tatsächlich auch außergewöhnlich bleiben.

IV.
Literaturverzeichnis

Ich bin mir sehr wohl darüber im klaren, daß all die aufgeführten Spiel- und Übungsformen bereits irgendwo in der Literatur ihren Platz gefunden haben. Sie exakt einem Urheber zuzuordnen, ist kaum möglich, wohl auch, weil viele dieser Spiele bereits seit Generationen gespielt werden und sich bewährt haben.
Anregungen habe ich von zahlreichen Kolleginnen/Kollegen bei Fortbildungsveranstaltungen an der Staatlichen Sportakademie für Lehrerfortbildung in Ludwigsburg erhalten. Hilfreich waren die Hinweise der Mitarbeiter der Verbände (Basket-, Fuß-, Hand- und Volleyball). Ihnen allen gebührt besonderer Dank für ihre Ideen.
Darüber hinaus hat die Beschäftigung mit den folgenden Werken ganz gewiß die vorliegende Arbeit beeinflußt:

Alberti, H. Rothenberg, L.	Spielreihen in der Spielschulung	Schorndorf 1975
Autorenteam (Schrenk, Gallwitz..)	Praxis-Handbuch Sport mit Grundschulkindern Bde.A/B	Gammertingen 1984
Brinckmann, A. Treeß, U.	Bewegungsspiele	Reinbek 1983
Deacove, J.	Kooperative Sportspiele	Ettlingen 1981
	Koop. Kinderspiele	Ettlingen 1981
Digel, H.(Hrsg.)	Lehren im Sport	Reinbek 1983
Dietrich, K. Dürrwächter, G. Schaller, H.-J.	Die großen Spiele	Wuppertal 1987
Döbler, E.u.H.	Kleine Spiele	Berlin 1985
Durlach, F.	Unveröffentlichte Manuskripte	Ludwigsburg
Fluegelman A. Tembeck, S.	New Games	Soyen 1979
Hahmann/Steiner	Sportspiele spielen lernen	Schorndorf 1985
Jost, E. (Hrsg.)	Spielanregungen - Bewegungsspiele	Reinbek 1985
Kerkmann, K.	Wir spielen in der Grundschule	Schorndorf, 5.Aufl.
Medler, M.	Volleyball Teil 1	Neumünster 1984

Ministerium für Kultus und Sport Baden-Württemberg	Bildungsplan für die Grundschule	Stuttgart 1984
Mitterbauer, G. Schmidt, G.	300 Bewegungsspiele	Innsbruck 1985
Diverse Ausgaben der Zeitschrift "Sportpädagogik" der letzten Jahre		Seelze

Bewußter Verzicht auf Spektakuläres, die Beschränkung auf Bewährtes, eine "ideologiefreie" Betrachtungsweise des Spielens/Spiels in der Grundschule und der Versuch einer Begrenzung des Gerätebedarfs auf Machbares sind der Grund dafür, daß nicht ausschließlich Literatur neuesten Datums genannt wurde.

Interessante Bücher zum Thema Spiele aus unserem umfangreichen Fachbuchprogramm!

Karl Koch
Kleine Sportspiele
7., unveränderte Auflage 1991
Eine Darstellung „Kleiner Sportspiele" für die schulische Grundausbildung unter dem Aspekt der Spielverwandtschaft und Vorbereitung auf die „Großen Sportspiele".
1969. DIN A 5, 88 Seiten, 46 Abb., ISBN 3-7780-5267-5
(Bestellnummer 5267)

Edith Schuhmacher
Singspiele und Kindertänze für Kindergarten, Vor- und Grundschule
3. Auflage 1979
Dieser Band enthält in erster Linie die Grundformen des Kindertanzes. Vom einfachen Hüpfen und Laufen des Einzelkindes bis zu größeren Sing- und Tanzspielen von Kindergruppen findet man hier die volkstümlichsten Kinderlieder. Die Notenbeispiele regen dazu an, die Tänze mit Orffschen Instrumenten oder auch mit Blockflöten, Xylophonen, Rasseln, Tamburin usw. zu untermalen.
1973. DIN A 5, 122 Seiten, ISBN 3-7780-5683-2
(Bestellnummer 5683)

Margot Rutkowski
1000 Spiel- und Übungsformen mit dem Partner und in der Kleingruppe
Viele dieser Übungen entstammen dem volkstümlichen Brauchtum der vergangenen Jahre und der heutigen Zeit, viele sind variiert worden, viele neu erfunden. Letzteres betrifft vor allem solche Übungen, die sich der verschiedenen Handgeräte bedienen. In der vorliegenden Lehrhilfe hat man sich um eine Sammlung und Systematik bemüht und zahlreiche neue Übungsformen eingeordnet.
1981. DIN A 5, 220 Seiten, 834 Abb., ISBN 3-7780-9471-8
(Bestellnummer 9471)

Verlag Karl Hofmann · D-73603 Schorndorf
Postfach 1360 · Telefon (0 71 81) 402-0 · Telefax (0 71 81) 402-111